主 编 胡才富 朱玉霞

JIYU HEXIN SUYANG
DE SANWEN XUEFA DIANBO

基于核心素养的散文学法点拨

西南师范大学出版社
国家一级出版社 全国百佳图书出版单位

图书在版编目(CIP)数据

基于核心素养的散文学法点拨 / 胡才富，朱玉霞主编. — 重庆：西南师范大学出版社，2021.7
ISBN 978-7-5697-0470-9

Ⅰ.①基… Ⅱ.①胡…②朱… Ⅲ.①中学语文课 – 高中 – 升学参考资料 Ⅳ.①G634.303

中国版本图书馆CIP数据核字(2021)第140939号

基于核心素养的散文学法点拨

主　编　胡才富　朱玉霞

责任编辑：尤国琴
责任校对：曹园妹
装帧设计：∽起源
排　　版：杜霖森
出版发行：西南师范大学出版社
地　　址：重庆市北碚区天生路2号
印　　刷：重庆友源印务有限公司
幅面尺寸：185mm×260mm
印　　张：10
字　　数：200千字
版　　次：2021年8月第1版
印　　次：2021年8月第1次印刷
书　　号：ISBN 978-7-5697-0470-9
定　　价：38.00元

编委会

顾　问：钱全涛　吴平源

主　编：胡才富　朱玉霞
副主编：龚　梅　吴玉婷　钟玉林
编　委：龚黎黎　刘　璟　王颖异　周岐雯　王夏渊
　　　　　任丹灵　陈　源　刘　业　田红艳　吴跃梅
　　　　　宋坤明　田杨梅　韩　梅　梅宗芳　刘冬梅

序

  《普通高中语文课程标准(2017年版)》共设置了18个任务群,其中"文学阅读与写作"任务群"旨在引导学生阅读古今中外诗歌、散文、小说、剧本等不同体裁的优秀文学作品,使学生在感受形象、品味语言、体验情感的过程中提升文学欣赏能力,并尝试文学写作,撰写文学评论,借以提高审美鉴赏能力和表达交流能力"。

  散文形散神聚,内容广泛,选材自由,看似描摹日常生活之所见所闻,实则抒写人生深刻之思考,不经意间抒写的看似零星的片段,却充满人生真知或人间真情。散文是最平易近人、文质彬彬的一种文学体裁,语言清新,意境深邃。经典散文,都表达着对人生意义的深入思考,字里行间也蕴含着作家丰富多彩的情感世界;优美散文,可谓"无韵之诗",给人以无穷的美感和深入的思考。散文"集诸美于一体",以描写、记叙、抒情、议论等方式记录,以优美精练的文字,灵活多变的结构,诗意空灵的意境,真挚淳厚的情感,拨动心灵感悟的琴弦,表达人生的情感与哲思。

  一种文体有一种文体的特质,散文也不例外,其学法与其他文体也不一致。学习散文,应从语言、构思、形象、意蕴、情感等角度,获得审美体验,认识作品的美学价值,发现作者独特的艺术创造;理解散文,在宏观把握文章的前提下,以某段或者某句为突破口,揣摩咀嚼绝妙之处,获得深入的理解;鉴赏散文,用"文气、文脉"等传统的文章学习方法,"虚实、轻重"等常见的鉴赏路径,从"知性"与"感性"赏析,加深对作品的理解,获得情感的体验与美的享受。台湾著名诗人余光中先生在《散文的知性与感性》中指出,散文常有"议论文、描写文、叙事文、抒情文"之分,但散文名作,只是有所侧重,而非断然分开。所以在知性散文中,往往有出色的感性片段;在感性散文中,往往有令人难忘的知性片段。

  "知性"即散文的"真见识",一般指知识和见解两个方面。知识是静态和被动的,见解高于知识,动于内是思考,形于外是议论。散文的"知性"表现为自然洋溢的智慧、合理迸发的理性,好似人的"质",在千万人中,在时间无涯里,在空间变迁时,气度犹在,风格尚存,有理性与思想的支撑,是"真学识"。

"感性"即散文的"真性情",是指作品中处理的感官经验,写景叙事如临其境、如历其事,有"现场感和临场感"。散文的"感性"好似人的"文",于写景之美、叙事之细、抒情之真、议论之实中体现出清新美丽、风情万种、千姿百态,无丝毫违和之感。散文的艺术感染力在很大程度上取决于情的独特性和真挚性,即情真意浓。这是散文的核心要素,因为优美的散文是知性与感性的和谐相融,情理相依。前者奠定文章的基调,后者决定文章的高度。且情因理而升华,理因情而充实。在理性的指引下,情感才能突破个人的局限,与时代精神相汇聚。知性与感性在散文中交融,才成为"理趣"。

基于语文核心素养的散文学法点拨,就是掌握属性,举一反三,能熟练驾驭此类文体。不管是属知性的议论文性散文,还是属感性的描写、叙事、抒情性散文,均从语言、思维、审美、文化四个维度体现语文学科核心素养,需要分析与理解,传承与发展。

一是语言建构与运用,这是语文素养的核心层面,思维、审美、文化均以此生发。其初级阶段侧重于文字,词语,句子(含语法、标点、修辞),文体知识和文学常识等语言知识的积累与运用;中级阶段侧重于培养信息整合、语理(语言逻辑思路)构建的能力;高级阶段侧重于培养适应各种语言环境的交流能力。其主要方法就是广泛阅读,积累语言,整合信息,分析思路,把握语理,培养思维能力,学会表达交流。

二是思维发展与提升,即是运用联想和想象,直觉体验语言和文学形象,丰富语言表达经验,运用语言规律和逻辑规则分析、判别语言,准确清晰、生动有序地表达自己的认识,有理有据地与人交流沟通,批判地审视言语作品,探究语言和文学现象,形成语言和文学认识;分析和反思自己的言语活动经验,提高语言运用的能力和思维的深刻性、灵活性、敏捷性、批判性、独创性。

三是审美鉴赏与创造,即是通过阅读鉴赏与语言品味形成审美体验,发展审美能力。阅读优秀作品,丰富情感体验,激发审美想象,感受思想魅力,领悟人生哲理,表现和创造美。要在欣赏、鉴别和评价不同时代、不同风格文学作品的思想情感和语言特点时,逐步形成自觉的审美意识和审美能力,养成高雅的审美情趣和审美品位。

四是文化传承与理解,即是传承和理解博大精深、源远流长的中华文化,继承优良传统,认同中华文化,提高道德修养,增强文化自信,以文化人,文以载道。理解、包容和借鉴不同民族、不同区域、不同国家的文化,尊重多样文化,吸收精粹文化,参与传播交流,提高文化自觉,思考和认识个人、国家、社会、自然之间的关系,树立积极的人生理想,增强使命感和责任感。

从培养学生语文学科核心素养目标出发,散文学法点拨就是教师要有自己的教法,更要教会学生如何学习散文,"学法点拨"就是交给方法的有效策略。不管教师讲得有多好,有多深,有多透,这都不会直接提升学习者的学习水平。学习者要在教师的指点下,或者通过自己主动的学习,达到自觉阅读、赏析散文的境界。同时,也应该了解散文写作的一般规律,并结合自己的生活经验和阅读、写作经历,发挥想象和联想,力求有自己的发现,交流分享心得体会,用杂感、随笔、评论、小论文等方式表现出来。

此书精选普通高中语文教材(人民教育出版社出版,以下简称"人教版")中的12篇散文为样本,分写景状物、写人记事、哲理感悟三个类别,交给学生如何学习散文、读懂散文的方法。每节分为四个板块进行解读。第一个板块是文本解要:首先,解说课文在教材中的位置、作用、单元训练重点以及该文需要学习借鉴的方法;其次,从四个方面进行语文核心素养导航,解读课文是如何体现语言建构与运用、思维发展与提升、审美鉴赏与创造、文化传承与理解等语文核心素养的,可以学到什么。第二个板块是预习路径,指导学生如何重点和有效预习。第三个板块是学法点拨,主要是教给学生基于核心素养的学习方法,这是该书最大的亮点,让高深莫测的语文核心素养从文章的字里行间走出来,站队点卯,等待检阅。此部分采用案例式解读,容易理解接受;列举了背景助读法、语言品味法、结构分析法、线索梳理法、形象塑造法、意境营造法、技巧使用法、深度挖掘法、比较分析法、任务驱动法等方法,希望学生能效法运用。第四个板块是拓展致用。精选与课文类似的文章,针对高考试题进行呈递性的学法指引、名师点拨,以期学生学以致用,掌握技巧,过手到家。"牛刀小试""独闯天涯""剑指高考"是针对高考设置的提升性训练,"学法指引"和"名师点拨"是指引学法和启发思维的,引导学生厘清思路,点拨精准透彻,帮助学生由易到难提升阅读水平。

散文是文学宝库中一道靓丽的风景。欲看远处之风景,需站制高之平台;欲览风景之美妙,需选精当之角度。老师教方法,学生用学法。

掌握学法更聪慧,名师点拨更快捷。

是为序。

胡才富

2020.08

第一章　写景状物类散文学法点拨

第一节　《荷塘月色》及此类文章的学法点拨 ································ 3

第二节　《故都的秋》及此类文章的学法点拨 ································ 14

第三节　《汉家寨》及此类文章的学法点拨 ···································· 25

第四节　《囚绿记》及此类文章的学法点拨 ···································· 36

第二章　写人记事类散文学法点拨

第一节　《纪念刘和珍君》及此类文章的学法点拨 ························ 49

第二节　《记梁任公先生的一次演讲》及此类文章学法点拨 ········ 60

第三节　《合欢树》及此类文章的学法点拨 ···································· 71

第三章　哲理感悟类散文学法点拨

第一节　《都江堰》及此类文章的学法点拨 ···································· 91

第二节　《云霓》及此类文章的学法点拨 ·· 101

第三节　《埃菲尔铁塔沉思》及此类文章的学法点拨 ···················· 113

第四节　《美》及此类文章的学法点拨 ·· 124

参考答案

第一章　写景状物类散文学法点拨 …………………………………137

第二章　写人记事类散文学法点拨 …………………………………142

第三章　哲理感悟类散文学法点拨 …………………………………146

第一章

写景状物类散文学法点拨

本章选文皆为写景状物类的散文。这类散文或书写描摹山川景致，或描写特定景物意象，或记录游览参观寻踪之所见所闻所感，通常自然率真，个性鲜明，诗意盎然，能够展现独具韵味的语言魅力。学习品读此类散文，可以丰富学生的人文视野，提升语言表达能力，提高审美鉴赏品位。

第一节

《荷塘月色》及此类文章的学法点拨

一 文本解要

（一）文本指要

《荷塘月色》是人教版普通高中课程标准实验教科书（2004年）《语文（必修2）》第一单元的课文。作者为著名散文家朱自清。该单元都是写景状物类散文，通过精巧的构思，优美的语言，描绘了自然风物之丰，山川大地之美，引发对人生的深刻思考。该文是写景抒情的经典散文，我们可以以"入境法"展开丰富的想象，感受作者心灵的跳动，了解散文的知性与感性美，提升散文鉴赏能力。

（二）素养导航

1.语言建构与运用

多层次感受散文的语言之美。朱自清先生散文语言的美在于"新而不失自然"。他擅长在口语的基础上创意，推陈出新，既有质朴自然、毫无雕饰的文字，也有匠心独运的用字遣词。如"泻""浮"两字，虽浅白易懂，却写活了月光流动和雾气轻薄的情态。品读《荷塘月色》，学生就应当学习这种"新而不失自然"的语言特点，在平实中创新。

多角度体味语言韵味之"新"。朱自清先生散文语言的"新"在于独具韵味、新颖别致。他擅长使用修辞手法。如叠词的运用，使语流的节奏变得缓慢，更能展现荷塘月色的审美意境。文中用"曲曲折折"展示出荷塘的蜿蜒宽广，用"田田"体现荷叶相连的茂密感,用"层层"刻画它的层次感与深度,这些叠词表现出优美的艺术境界,体现了作者"新而不失自然"的语言特点;如比喻等修辞的使用,生动形象地描绘景物,形成自然的和谐之美,文中"碧天里的星星""一粒粒的明珠""刚出浴的美人"等写出了月光下的荷花美好、晶莹、娇羞的特点,带给读者美好的审美体验。

2. 思维发展与提升

《荷塘月色》以真实的时空引发联想,借古典诗歌拓展思维空间。《荷塘月色》属现当代散文,在"荷塘"与"月色"中展示着作者当下时空的真性情,字里行间透射着作者丰富多彩的情感世界。朱自清沿荷塘一路走来,清冷的月色,静谧的荷塘,让读者也随他的思绪与感受,体会"也爱冷静""也爱独处"的情感空间;作者面对热闹的蝉声与蛙声时,发自内心感叹"但热闹是它们的,我什么也没有",这真实的感慨背后,是作者"爱热闹""爱群居"的思绪与现实对比的结果,需要读者放飞思维,思考其内心世界的复杂与矛盾。于是文中颇有心意地引用了《采莲赋》和《西洲曲》。这两首古典诗歌让读者与作者一起,随着文字转换时间和空间,进入了六朝时期采莲的热闹场景,联想的思维也由此打开。同时这两首诗歌,一首洋溢着青春气息,活泼灵动,一首饱含思念的苦痛,冷清孤寂。这样的对比思维使得作者矛盾冲突的内心更加清晰地呈现在了我们眼前。诗歌中绰约多姿的少女们摇着船儿采莲嬉戏,她们的那份无拘无束的快乐,又让读者看到了"这几天心里颇不宁静"的作者对这种自由自在生活的极度渴盼。

3. 审美鉴赏与创造

朱自清被称为"写景的好手",《荷塘月色》更是"美术文的典范"之一。该文采用细腻的笔触,生动地描绘了一幅月下荷塘图,展现了独具魅力的绘画美。作者融情入景、即景抒情,字里行间萦绕着情感美,创造出和谐美的氛围。

温克尔曼认为,最高的和谐中才会产生美。在《荷塘月色》里,朱自清先生构建的正是这样的和谐之美。首先,他笔下的荷塘月色本身就充盈着和谐,"塘中的月色并不均匀;但光与影有着和谐的旋律"。月光流动着,静静地泻于荷叶上,于是就构成了天地的和谐,光影的和谐,虚实的和谐;其次,他笔下的人和自然也是和谐的,"路上只我一个人,背着手踱着。这一片天地好像是我的,我也像超出了平常的自己,到了另一个世界"。在对这一片和谐的荷塘月色的客观审美中,朱自清内心的和谐与外界的和谐才能够实现统一。阅读时,我们可以在这人与自然的天人合一的和谐中进入对景物审美的最高境界。

4. 文化传承与理解

荷塘美景、朦胧月色既是朱自清眼前所见之景,"荷塘月色"又是他的理想世界与心灵家园。"他心里的颇不宁静"来源于现实的多重矛盾。在月色下游荷塘,使他从多重矛盾中暂时解脱出来,获得了内心的安宁,或者说是寻到了短暂的,却又是他极度渴求的精神自由。这样的追寻古来有之,中国的士子们在纷繁复杂的世界中总是渴求用大自然中的某一物来安慰自己的心灵,这是传统文人在穷途中寻找出路,在苦闷中求得安慰的独有心态。正如香草芝兰之于屈原,田园菊花之于陶渊明,赤壁山水之于苏轼,故都清秋之于郁达夫一样,朱自清选择了"月""荷"的清明世界。

"月""荷"不仅是一个审美意象,同时也是一个传统文化意象。在传统诗词中,"月"这个意象往往是"家"的象征,常常借以表达思乡怀人的主题。但《荷塘月色》中的"家"并不是普通意义上的家园。难寻自由的现实让朱自清愁闷、烦恼,他想摆脱这种情绪,就不得不暂时离开现实中这个"家",去追寻一个理想的宁静自由的家园。正是"在这苍茫的月下",他方能做到"什么都可以想,什么都可以不想,便觉是个自由的人"。"荷"出淤泥而不染,不争丰腴,但求有益,其高洁与默默奉献的精神契合着中国历代士子们对人品的追求。同时,"荷"与"合""和"谐音,"莲"与"联"谐音,于是这个意象又成了人们对于宁静、纯洁、幸福生活的美好寄托。当"月"与"荷"交融在一起时,荷塘月色就成了一种生命情态的审美化,成了作者对生命苦闷的一种诗意化的心灵超度。这也是朱自清选择"月"与"荷"的原因,那是属于士子的心灵家园,是一种文化的传承。

二 预习路径

诵读该文,体会音律的和谐,感受意境之美,明晰情感变化,找寻游踪和感情线索。标出表现作者行踪的词句,明确文章的结构特点;标出描写情感的词句,厘清作者情感的变化,领悟情景交融的写法,品味文章的主旨。

三 学法指津

此文线索清晰,语言有韵味,故宜采用以下两种方法学习。

(一)提纲挈领法

"形散神聚"是散文的突出特点,把握住"神",就抓住了行文线索,就能进行提纲挈领的阅读、分析。

鉴赏此文时,可以先找到有画龙点睛作用的、可借此知晓作者写作目的的、能揭示全篇主旨的"文眼"。"文眼"的设置各不相同,随文而异。它可以是一个字、一个词、一句话、一份情,总之一景一物皆可。当然,并非每篇散文都有必要的"文眼"。

《荷塘月色》将文眼设置在了首句,即"这几天心里颇不宁静"。全文是依着"不静—求静—得静—出静"的线索行文的。大家可以先用简洁、准确的语言概括每个段的内容,再进行总体概括。引导学生把握作者前后的心情变化,根据这一线索分析文章,厘清框架结构,明白行文思路,提纲即能挈领。

(二)语言品味法

1.品味词语使用法。本文从词语使用的类型看,有叠词、成语、俗语、文言词语等,其中叠字、叠词的使用非常值得品鉴。

《荷塘月色》共选用了29个叠音词,一个个看似普通的词语被妙用得活灵活现。如,用"曲曲折折"展示出荷塘的蜿蜒宽广,用"田田"体现荷叶相连的盛密感,用"层层"刻画出它的层次感与深度;用"远远近近""高高低低"这样的叠字连用,让树的繁盛茂密、错落有致如在眼前。情貌物态的形象感在这些叠字、叠词中得到了深化,文章节奏显得更加清晰、协调,增添了悠扬婉转的音韵美和诗意美。

2.品味修辞运用法。妙用修辞是朱自清先生散文的一大特色,修辞的运用使得语言意蕴丰厚。

(1)比喻的运用。《荷塘月色》有10多个生动贴切、新颖独特的比喻句。这些色彩丰富,充满诗意的比喻形象地突出了事物自身的特点。如用"亭亭舞女的裙"来喻初出水很高的荷叶,这个比喻还给人带来舞裙旋转时的动态美感。在描写荷花的这段文字中,连用三个比喻句,构成排比,增强气势。朱自清先生的比喻新奇多样,有跃然纸上的人,有逼真形象的物,这些喻体都有着鲜明的特色,形象而贴切,给读者以别样的艺术审美体验。

(2)拟人的运用。《荷塘月色》中的拟人手法也值得借鉴。为了表达得更生动,朱自清先生经常使用拟人的修辞手法。如荷花"有袅娜地开着的,有羞涩地打着朵儿的","袅娜"本是说女子身体姿态的,"羞涩"展示出少女娇俏含羞的情态,形象逼真,让人联想;又如"叶子底下是脉脉的流水""路灯光,没精打采的",这些拟人手法的运用,不但增添了语言的形象性和生动性,更让读者在人与物的转换中,感知人与自然的和谐统一。

(3)通感的运用。人的视觉、嗅觉、听觉、触觉等多种感觉相互交错沟通,互相转换就是通感。在朱自清散文中,通感更是调动着读者的各种审美感官。文中有两处通感的运用极为精妙。第一处"微风过处,送来缕缕清香,仿佛远处高楼上渺茫的歌声似的"。花儿的丝丝缕缕香气本是来自于嗅觉,但作者却富有创意地将它说成是歌声,用歌声的渺茫描绘花儿似有似无的清香,将嗅觉感官上的感受移位于听觉感官上来,使人一下子对淡淡荷香的感受更为真切了。第二处"塘中的月色并不均匀,但光与影有着和谐的旋律,如梵婀玲上奏着的名曲"。光影和琴声本没有什么相通之处,"光与影"是写月色,应是属于视觉形象的,在这里却说成是旋律,是名曲,给人以听觉上的美妙感受。花香、月影那难以描摹的具体感受,通过另一种可感的形象就具体化了,带给了读者生动性和新奇感。

四 拓展致用

课后阅读朱自清先生不同时期的散文作品,如《背影》《桨声灯影里的秦淮河》《绿》《月朦胧,鸟朦胧,帘卷海棠红》《白水漈》等,多角度感受其散文的魅力。

(一)牛刀小试

阅读下面的文章,完成后面的练习。

听听那冷雨

余光中

惊蛰一过,春寒加剧。先是料料峭峭,继而雨季开始,时而淋淋漓漓,时而淅淅沥沥,天潮潮地湿湿,即连在梦里,也似乎有把伞撑着。而就凭一把伞,躲过一阵潇潇的冷雨,也躲不过整个雨季。连思想也都是潮润润的。每天回家,曲折穿过金门街到厦门街迷宫式的长巷短巷,雨里风里,走入霏霏令人更想入非非。

这样想时,严寒里竟有一点儿温暖的感觉了。这样想时,他希望这些狭长的巷子永远延伸下去,他的思路也可以延伸下去,不是金门街到厦门街,而是金门到厦门。他是厦门人,至少是广义的厦门人,二十年来,不住在厦门,住在厦门街,算是嘲弄吧,也算是安慰。不过说到广义,他同样也是广义的江南人,常州人,南京人,川娃儿,五陵少年。杏花春雨江南,那是他的少年时代了。再过半个月就是清明。安东尼奥尼的镜头摇过去,摇过去又摇过来。残山剩水犹如是。皇天后土犹如是。纭纭黔首纷纷黎民从北到南犹如是。那里面是中国吗?那里面当然还是中国,永远是中国。只是杏花春雨已不再,牧童遥指已不再,剑门细雨渭城轻尘也都已不再。然则他日思夜梦的那片土地,究竟在哪里呢?

杏花。春雨。江南。六个方块字,或许那片土就在那里面。而无论赤县也好神州也好中国也好,变来变去,只要仓颉的灵感不灭,美丽的中文不老,那形象磁石般的向心力当必然长在。因为一个方块字是一个天地。太初有字，于是汉族的心灵，他祖先的回忆和希望便有了寄托。譬如凭空写一个"雨"字，点点滴滴，滂滂沱沱，淅淅沥沥，一切云情雨意，就宛然其中了。视觉上的这种美感，岂是什么rain也好，pluie也好所能满足？翻开一部《辞源》或《辞海》，金木水火土，各成世界，而一入"雨"部，古神州的天颜千变万化，便悉在望中，美丽的霜雪云霞，骇人的雷电霹雳，展露的无非是神的好脾气与坏脾气，气象台百读不厌门外汉百思不解的百科全书。

听听，那冷雨。看看，那冷雨。嗅嗅闻闻，那冷雨。舔舔吧，那冷雨。雨在他的伞上这城市百万人的伞上雨衣上屋上天线上雨下在基隆港在防波堤在海峡的船上，清明这季雨。雨是女性，应该最富于感性。雨气空蒙而迷幻，细细嗅嗅，清清爽爽新新，有一点儿薄荷的香味，浓的时候，竟发出草和树林沐浴之后特有的腥气，也许那尽是蚯蚓和蜗牛的腥气吧，毕竟是惊蛰了啊。也许地上的地下的生命也许古中国层层叠叠的记忆皆蠢蠢而蠕，也许是植物的潜意识和梦吧，那腥气。

雨不但可嗅，可亲，更可以听。听听那冷雨。听雨，只要不是石破天惊的台风暴雨，在听觉上总是一种美感。大陆上的秋天，无论是疏雨滴梧桐，或是骤雨打荷叶，听去总有一点儿凄凉，凄清，凄楚，于今在岛上回味，则在凄楚之外，再笼上一层凄迷了，饶你多少豪情侠气，怕也经不起三番五次的风吹雨打。一打少年听雨，红烛昏沉。再打中年听雨，客舟中江阔云低。三打白头听雨的僧庐下，这便是亡宋之痛，一颗敏感心灵的一生：楼上，江上，庙里，用冷冷的雨珠子串成。他曾在一场摧心折骨的鬼雨中迷失了自己。雨，该是一滴湿漓漓的灵魂，窗外在喊谁。

雨打在树上和瓦上，韵律都清脆可听。尤其是铿铿敲在屋瓦上，那古老的音乐，属于中国。王禹偁在黄冈，破如椽的大竹为屋。据说住在竹楼里面，急雨声如瀑布，密雪声比碎玉，而无论鼓琴，咏诗，下棋，投壶，共鸣的效果都特别好。这样岂不像是住在竹筒里，任何细脆的声响，怕都会加倍夸大，反而令人耳朵过敏吧。

前尘隔海。古屋不再。听听那冷雨。

（有删改）

学法指引

《听听那冷雨》是余光中先生的经典作品之一,正如《荷塘月色》之于朱自清,它们都较集中地体现了作家的创作风格。该文主要呈现了流落台湾的大陆游子浓烈的思乡之情,借冷雨抒情,雨声中流淌的乡情,把游子身处台湾,不能回大陆团聚的情绪浸润倾诉。同时余光中先生深谙中国古典文化,古典诗词的境趣淋漓尽致地展现在文中被赋予生命的冷雨中。

要学会品味语言艺术的方法。如长短句式特点:"听听,那冷雨。看看,那冷雨。嗅嗅闻闻,那冷雨。舔舔吧,那冷雨",这是一个短句,简洁明快;"雨在他的伞上这城市百万人的伞上雨衣上屋上天线上雨下在基隆港在防波堤在海峡的船上",这则是一个长句,层层递进,表现出雨的连绵不断,气势非凡。又如叠词:"先是料料峭峭……时而淅淅沥沥,天潮潮地湿湿……"把雨的形态、声音、质感呈现了出来,激发了读者的联想,进而转化为审美情感,并身临其境,透过这"冷雨",深切感悟作者的内心世界。

要学习化用古典诗词营造意境,拓展散文思维空间的方法。例如,化用蒋捷的《虞美人·听雨》:"少年听雨歌楼上,红烛昏罗帐。壮年听雨客舟中,江阔云低断雁叫西风。而今听雨僧庐下,鬓已星星也!悲欢离合总无情,一任阶前点滴到天明。"蒋捷少有才名,28岁时进士及第,但两年后,元便攻破了南宋的都城临安。南宋灭亡后蒋捷遂隐居竹山不仕。他饱受流离之苦,诗文中多是国家灭亡,故园难回的伤怀。与蒋捷处境相似的余光中面对萧萧秋雨,想到自己"饱经风霜"的一生,难免发出"悲欢离合总无情"的感慨。情境契合的化用才能让读者自然而然地步入古典的情境,也增加了文章的文学韵味。

1.下列对文本相关内容和艺术特色的分析鉴赏,不正确的一项是( )

A.文中由"雨"自然联想到"方块字"特有表意的形旁——"雨"部,再联想到与"雨"相关的汉字——"霜、雪、云、霞、雷、电、霹、雳",这些寄托着汉族的心灵、祖先的回忆和希望的汉字,勾起了作者对祖国的思念之情。作者借对汉字的联想,表达了自己对祖国的赤子之心。

B.对于听雨,作者觉得"于今在岛上回味,则在凄楚之外,再笼上一层凄迷了",是因为在岛上听雨就更多了一种怀乡之痛在里面。

C."雨,该是一滴湿漓漓的灵魂,窗外在喊谁。"该句中的"谁"就是指的余光中自己。

D.本文作者在不同地方听雨,体味不同地方。不同人生阶段听雨,则让雨珠串起了作者湿淋淋的人生感悟，抒发了游子那如雨般绵绵的思乡之情。

2. 从语言艺术的角度赏析下面的句子。

先是料料峭峭，继而雨季开始，时而淋淋漓漓，时而淅淅沥沥，天潮潮地湿湿，即连在梦里，也似乎有把伞撑着。而就凭一把伞，躲过一阵潇潇的冷雨，也躲不过整个雨季。连思想也都是潮润润的。

3. 作者写到少年听雨、中年听雨和白头听雨，分别听出了怎样不同的感受？

（二）独闯天涯

阅读下面的文章，完成后面的练习。

西地平线上

高建群

这几年，我每年都要去一趟新疆。中亚细亚地面上独特的地貌，奇丽的风光，每每令我惊骇，叫我明白了"世间有大美"这句话，绝不是一时偶然而发的诳语。而在所有雄伟的风景中，落日大约是最令我震撼的了。我见过许多次的落日，这里只简约地记述三次。

我们的车在甘肃的定西高原盘旋。天已经有些暗淡了，头顶上甚至隐隐约约地有几颗星星。汽车转过一个垭口。这时，眼界突然开阔起来，在苍茫的远方，弧状的群山之巅，一轮血红的落日像一辆勒勒车的轮子，静静地停驻在那里。

它没有了光焰，颜色像我们写春联时用的那种红纸。柔和、美丽、安谧，甚至给人一种不真实的感觉。像民间剪纸。它大极了。面对这落日，我们全都在那一刻惊呆了。我们的车停下来，倚托着一棵树，架起机位，直拍到这落日消失。

落日在沉入西地平线以下那一刻，是跳跃着、颤抖着降落的。它先是纹丝不动，突然，它颤抖了两下，往下一跃，于是只剩下了半个。在停驻了片刻以后，它突然又一跃，当我们揉揉眼睛，再往西看时，它已经消失了。一切都为雾霭所取代，我们刚才见到的那一场奇异的风景，恍然若一场梦境。

第二个带给我巨大影响和深刻记忆的是在罗布淖尔荒原上看日落。

中午一过，太阳刚偏西，就变得不怎么显明了。像一枚灰白色的五分钱硬币，容易被人忽视地停驻在西边天空。罗布淖尔荒原上的大地和天空，混沌一片，也是灰蒙蒙的。

我们向死亡之海罗布泊行进。这里是无人区，没有任何的生命存在，荒凉空旷如同月球的表面。四周瘴气雾霭弥漫，我们感到自己如同走入地狱，走入鬼域。为了打破这压抑，越野车司机放起了《泰坦尼克号》的用萨克斯吹出来的音乐，这音乐更给人带来一种梦幻般的死亡感觉。

整个下午，太阳就这样不死不活地在我们的车屁股的地方照耀着。说是白天吧，但是恍然如同晚上；说是夜间吧，在我们匆匆的回头中，分明有一个物什，在西天半空悬着。

最辉煌的罗布泊的落日出现在黄昏。那一刻，我们的越野车已经来到距古湖盆二十公里的龟背山。当时，在我们不经意的一次回头中，突然看见在一平如抹的西地平线上，一轮血红的落日停驻在那里。

它是那样鲜艳、温柔。我们，我们的车，还有刚才那死气沉沉的罗布淖尔荒原的黑戈壁，此刻都罩在这一片回光返照中。我们互相看着对方的脸，每个人的脸都泛着红光。我们感到自己像在画中。

萨克斯管吹奏的《泰坦尼克号》的音乐，这时候适当其时地在放着。在那一刻我突然掉下泪来，我感到，死亡原来也可以是一件充满庄严和尊严的事情啊！

我要告诉你的第三次日落，是我在阿勒泰草原遇到的。那次实际上并没有看到落日，落日隐在背后去了。我只看到了火烧云，那火烧云，灿烂地、热烈地、夸张地烤红了西边半个天空，烧红了大地上的一切物什，给我留下一个惊骇的印象。但是，我明白这一切的制造者仍是落日，是落日在云的背后挥舞着魔杖。

我们是从一个叫"顶山"的地方，向西走时，遇到那一次落日的。顶山是一个荒凉空旷的地方，典型的戈壁滩地貌。西天那吞没一切的大片火烧云，是太阳坠入云层以后，突然出现的。我们汽车的方向是正西，因此，我们感到自己正向那一片红光走去。

那辽远的西地平线的地方，火烧云映照的地方，被历史学家称为欧亚大平原，被地理学家称为小亚细亚。在那炫目的红光中，我看到一些匆匆的背影，正向历史的深处走去。曾经在东北亚草原上游荡过许多年的匈奴民族，就是在某一个早晨或黄昏，循着西地平线远去的。还有另外一位叫成吉思汗的英雄，在那炫目的红光中,我也看到了他的背影。正是在此处,我脚下的这个地方,他召开了誓师大会,而后,兵分两路,一路打通伊犁河谷,一路翻越阿尔泰山最高峰——友谊峰,西征花剌子模,尔后进入欧洲,进入非洲。火烧云持久地停驻在西天。直到太阳已经落下去很久了,还将最后的一抹光辉像扫帚一样扫向就近的云彩。直到最后,又贪恋了一阵后,西边天空终于恢复了它平庸的色彩。

　　这是我三次见到西地平线上落日的情况。我不敢独享那一幕,所以将它诉诸笔端,带给更多的人。也许我会写一本叫《西地平线》的书,来记录我这几年西部行旅的感受。末了要说的话是,"雄伟的风景"和"世间有大美"两句话并不是我的,前者是一个日本画家叫东山魁夷说的,后者则是中国画家张大千,在看了敦煌壁画以后发出的一声感叹。

(有删改)

1.下列对文本相关内容和艺术特色的分析鉴赏,不正确的一项是(　　)

A.文中说:"死亡原来也可以是一件充满庄严和尊严的事情。"这句话也是作者对自己的一种安慰和鼓励,来死亡之海不是为了寻找死亡,而是为了挑战死亡,发挥生命的极限。

B.文中在第二次描写落日的情景时,是以方位顺序来描写的,同时采用了对比和烘托的手法,写出了落日的辉煌壮丽。

C.作者在文中用较多的篇幅来写成吉思汗,是为了与壮丽的落日交相辉映,深化文章的内涵并且引发读者对人生的深层次思考。

D.文中说西边天空终于恢复了其他平庸的色彩,作者说天空平庸是为了反衬落日的壮丽和惊世骇俗。

2.作者是怎样描写第一次落日的情景的?

3.请简要分析最后一段在文中的作用。

名师点拨

"天地有大美而不言",在这篇文章中,西部作家高建群正是将这"大美"诉诸笔端,让我们真正领略了"雄伟的风景"。高建群的作品着力营造一种生命中最为壮丽的风景,同时也会融进他对生活、对生命的深层次思考。

在阅读这篇《西地平线上》时可以首先通过提纲挈领法抓住三次落日的共同特点:

"世间大美""雄伟的风景"。抓住这一特点,才能将三次落日结合到一起,挖掘出这篇散文的"神"是作者对生命无比深切的体验和对大西北深沉真挚的热爱。文章描写落日时,将其放置在了一个极为开阔的背景当中,浓墨重彩绘形绘色,展示出了一幅雄伟壮观的景象,苍茫的远方,弧状的群山之巅,一轮血红的落日如何美丽安谧;然后描写落日沉没的过程,生动地描绘了令人震撼的落日景象。日落带给人的震撼。与艺术大师对人间顶级辉煌的文化奇观的感叹与落日形成辉映,丰富了西部落日美的内涵。阅读这篇文章,更让我们明白,用积极的姿态去热情地拥抱生活,发现世界,生活也会回赠给我们震撼之美!

(三)剑指高考

阅读前面的选文《西地平线上》,回答下面的问题。

1.下列对文本相关内容和艺术特色的分析鉴赏,不正确的一项是(　　)

A.本文采用了总分总的结构形式,记叙了作者在三个不同的地点欣赏到的西地平线上的落日景象,抒发了他"世间有大美"的感受。

B.文中描写在甘肃的定西高原上的落日景象时,近于静态的描写,落日给人的感觉是柔和、美丽、安谧的,落日的消逝过程呈现出一种梦幻的美。

C.作者描写了在罗布泊欣赏到的落日景象。这是一次对落日的虚写,文中落日并没有直接出现,人们见到的只是落日制造出来的火烧云。

D.本文在写景中穿插历史史实的记叙,既生动地描绘了令人震撼的落日景象,也有成吉思汗西进的远望。

2.作者听到萨克斯管吹奏《泰坦尼克号》音乐时为何掉泪?结合文本简要分析。

3.作者描写第二次日落,用了哪些手法来表现自己在辉煌落日前对死亡全新的感悟?

第二节

《故都的秋》及此类文章的学法点拨

一 文本解要

(一)文本指要

《故都的秋》是人教版的普通高中课程标准实验教科书(2004年)《语文(必修2)》第一单元"阅读鉴赏"的第二课。作者是现代著名散文家郁达夫。这个单元所选篇目皆是中国现代散文写景状物名篇,文章皆展现了景之美,情之浓。本文是一篇历久弥新、传吟久远的散文名作,通过对北平秋景的描绘,赞美了故都秋的自然景色、风物人情,可通过"意境分析法"入景入情,感受作者对北平秋的向往、眷恋之情,体味文中那忧郁、孤独的心绪。

(二)素养导航

1.语言建构与运用

《故都的秋》的语言从容优雅,如行云流水,读来仿佛不事雕琢,但细细品来,每个词语、句式,却又不可替代,妙到了极致。如在选择搭配词语上,作者似乎是从生活中信手拈来,然而一旦组合了,便成了密不可分的有机体。如"芦花""柳影""虫唱""夜月""钟声"等宏观的秋色、秋声,以及"飞声""日光""蓝朵"等微观的秋色、秋声。在动词和形容词的选择上,作者似乎并没有求新求异求奇崛,然而却用得恰到好处,让读者感受到一种扑面而来的浑然天成之美。比如,看那北国的"秋","来得清,来得静,来得悲凉",就让人感到平易亲切、酣畅明快。在句式的选择上,长短结合,读来张弛有度;整散结合,读来参差起伏:形成了一种既优雅缠绵又洒脱不羁的风格。

学习《故都的秋》,我们就要学习这种流畅自然而又不失典雅的语言风格,把对辞藻的追求,融入流畅的表达中,美得无迹可寻;学会如何恰到好处地利用词语的表现力来描摹事物,表情达意,精准地选择形容词、副词和动词,让描绘的事物更贴切;学会在行文中灵活地运用各种句式,如整散句、长短句,错落有致,自然舒缓。

2.思维发展与提升

本文是将散文"形散而神不散"的特点表现得最充分的典型之一。无论散文的内容有多宽泛和自由,其主题必须明确并集中,本文就很好地做到了这一点。为了写出北平独有的秋味,作者选择了五种意象——故都的"秋晨""秋槐""秋蝉""秋雨""秋果",这五种意象之间,几乎毫无关联,但它们又都是在北方秋天中具有代表性的,这样的选材既能很好地描绘出北国典型的秋天,也能引起读者对景物产生情感共鸣,进而更好地理解文章,体味文章深处所蕴藏的美,从而一步步地去理解作者丰富的内心世界。作者紧扣"故都"和"秋"两个词语,表现了"故都之秋"的"清、静、悲凉"的特点。

学习本文一定要抓住散文的"形"与"神"之间的关系,更直观地体会"形散而神不散"的内涵。从而在阅读散文时,学会怎样透过现象看本质,从散文随意松散的内容背后看清其集中且鲜明的主旨。

3.审美鉴赏与创造

郁达夫的作品一向以他浓浓的感伤情调著称,《故都的秋》堪称其中的代表,体现了郁达夫散文这一独特的个性和美学价值。他所写的秋,选用的大多是"冷色",如青、蓝、灰、白等,以此来显示深沉、淡泊的特征,点缀其中的,是蓝色或白色或紫黑色的牵牛花;又因为其句式参差错落,整散结合,比如"一个人夹在苏州、上海、杭州,或厦门、香港、广州的市民中间,混混沌沌地过去,只能感到一点点清凉,秋的味,秋的色,秋的意境与姿态,总看不饱,尝不透,赏玩不到十足。","唉,天可真凉了——""可不是么?一层秋雨一层凉啦!"……这些语句,娓娓道来又声韵铿锵,如珠玉落入玉盘,铮铮然,余音未绝,有着诗歌的韵律和节奏之美,是为本文的音乐美。

把握这篇文章,首先要反复地读,细细地读,从诵读中去感知其浓浓的诗意,去默想北京之秋清澈湛蓝的无垠天空、枯黄厚重的秋草和落蕊、墙角那蓝色或紫色的牵牛花,去想象那久远的北平之秋。

4.文化传承与理解

秋这个季节,在中国传统文学中,是一种奇异的存在。文人容易伤春悲秋,春和秋总是容易触及人们的某种心绪,让人生出种种感怀。四季的风烟、人间的草木、山川河海……原本都是无情无知无感之物,奈何中国的文人总能对其生出各种情绪。尤其是秋,诗人们借秋来抒发的情感可以是家国之思、身世之感、飘零之悲、分离之苦、相思之愁……可以说,人生七苦,都可以融入对秋的感叹之中。秋,是中国传统文学的一道风景。

《故都的秋》尽管是一篇新文化运动之后的作品,郁达夫也是深受新文化运动所影响的作家,并且还积极推动新文化运动的发展。但其思想内核依旧与中国的文学传统一脉相承,尤其是意象的选择,意境的营造,极具古韵古意。我们在学习这篇文章时,不只是要把它当作一篇现代散文来读,更需要通过揣摩其中的秋之思、秋之味来反观中国文学传统中的"秋",并通过联系其他关于秋的诗歌,让学生更深刻地体会中国文人的"秋士心态",并且把这种家国天下的思想精神传承下去。

二 预习路径

在语文的教与学的过程中,一个极其重要的手段便是积累。积累可以丰富内涵,开阔眼界,提升读与写的能力。学习语文不能停留在对某一篇文章在课堂上得到了收获上,更是要通过这篇文章来触类旁通。我们在课前首先可积累大量关于"秋"的诗词文章,并作比较详细的推荐介绍,以了解不同文人在不同背景下创作的"秋"。通过课外的各种渠道去了解了更多的"秋",才能读懂郁达夫的"秋",从而读懂更多文人的"秋",更进一步来写出自己的"秋",引发自己对"秋"的独特感悟。

三 学法指津

本文意境悠远,情景交融,语言深沉隽永,在学习时,可以借用以下两种方法。

(一)意境分析法

所谓意境,是指具有作者主观情感的境界,是作者借形象的画面来表达它的某些情意和情思的一种手段,散文也具有一种形神兼美的特点,即所谓的"文中有画"。《故都的秋》就恰如其分地体现出了这一特质,郁达夫用独特而优美的语言,营造了一种特定的氛围和意境,以此来寄托作者别样的情思。学习这篇文章,该怎样进行意境分析呢?

1.从意象入手,看作者如何通过特定的意象来营造一种清冷悲凉的意境。

作者精心选取了北平之秋的典型景物:清晨静坐庭院,手执浓茶所看到的碧绿的天色;叶底漏下来的丝丝日光;喇叭似的牵牛的蓝朵;铺得满地、脚踏上去柔软无声的槐树的落蕊;随处可闻的秋蝉衰弱的啼唱;灰沉沉的天底下,一阵凉风后便息列索落下起来的秋雨;穿着很厚的青布单衣或夹袄,咬着烟管,立于桥头树底的都市闲人;以及显出淡绿微黄颜色的北方枣子颗儿。

郁达夫没有选取一些宏大的意象，而是选择一些日常生活中随处可见的事物，细细品味，这故都的秋的秋味儿，也非这几个意象不可。它们本就是北京最寻常的事物、最普通的人，足以代表最有生活底色的北京。因此，我们紧紧抓住这些意象的特点，就不难品味出20世纪三四十年代的北平的秋之气，秋之味。结合作者本身的经历和创作思想，也就不难领会他熔铸其中的作为动荡时期的中国文人的伤悲。

2.从绘景的方法上看，观察作者用了何种方式将景物呈现出来。

绘景的方式多种多样，有浓墨重彩的油画式绘景，有精雕细琢的工笔式绘景，而郁达夫则采用了一种白描式绘景。比如"很高很高的碧绿的天色""疏疏落落的尖细且长的秋草""秋蝉的衰弱的残声"，寥寥数语，没有夸张的粉饰和渲染，没有精雕细琢的刻画，便让北国之秋的清爽淡远之意跃然纸上。白描"有真意，去粉饰，少做作，勿卖弄"，不事渲染与夸张，才能得其真意。

从作者对景物清丽静幽的描绘中，读者已可感受到作者对北平之秋的喜爱和悠悠的思念，也就能够体会作者为什么在篇末热烈地表白"秋天，这北国的秋天，若留得住的话，我愿意把寿命的三分之二折去，换得一个三分之一的零头"。

仅是咀嚼到作者的喜爱和思念是远远不够的，景语中还透出了另一种感情，那就是淡淡的悲凉。如写牵牛花的花色时说，"蓝色或白色者为佳，紫黑色次之，淡红色最下"。因为蓝、白属于冷色调，最适合表现悲凉之情了。再如描写落蕊的清闲、蝉声的衰残、秋雨的凉意、北方果子的淡绿微黄，都是作者悲凉、孤寂心迹的流露。

3.从作者的身世背景着手，透过作者的心路历程来反观他寄寓在景物中的情和意。

郁达夫从少年时代起就爱读小说、戏曲，对中国古典诗文和小说、戏曲的浓厚兴趣，促使他走上了文学创作的道路。1913年赴日本学习，在日本留学期间饱受种族歧视，他深深感受到国家的衰落给华夏儿女带来的苦痛。

1935年，日军相继制造了三次察东事件。千年文明古都——北平在19世纪末卷起的历史风云中越来越显得衰老颓败，中华民族处于重重阴霾之中。郁达夫作为一位受过传统中国文化熏染又在留学期间饱受歧视和压抑的中国文人，感受不言而喻。他到达北平时触景伤情，写了《故都的秋》。文中描绘的景物无一不透着秋的悲凉和落寞。这些正是特定时代的社会风云在作者心灵上投下的阴影和隐痛。

如果没有对郁达夫和他所处时代的了解，我们对《故都的秋》中那些沉重的愁思、灰暗的心绪也就无从去理解，只有知人论世，才能真正了解一个爱国文人深刻的孤独与哀愁。

(二)修辞运用法

散文离不开各种修辞和表现手法,我们要根据不同修辞手法本身所应有的作用来分析和体味这些修辞带来的表达效果。

首先是对比和衬托。本文先道江南的秋是"草木凋得慢,空气来得润,天的颜色显得淡,并且又时常多雨而少风""……秋的意境与姿态,总看不饱,尝不透,赏玩不到十足",在作者笔下,南国的秋平淡无味。下文则具体地写故都的秋的本色。无论是漫游景点,还是"泡一碗浓茶,向院子一坐",整个故都都被秋色装点着,真是无一处无秋意。至此,北国之秋的"清"与"静",可谓写得"饱"且"透"且"十足"了。

其次,连用四组比喻来更进一步表达对北国之秋的喜爱,"比起北国的秋来,正像是黄酒之于白干,稀饭之于馍馍,鲈鱼之于大蟹,黄犬之于骆驼"。具体来说,"黄酒之与白干"比喻南国之秋秋味平淡,北国之秋秋味浓烈;"稀饭之于馍馍"比喻南国之秋秋味稀薄,北国之秋秋味厚实;"鲈鱼之于大蟹"比喻南国之秋秋味柔软,北国之秋秋味刚强;"黄犬之于骆驼"比喻南国之秋范围狭小,北国之秋范围广大。北国之秋的浓烈、厚实、刚强、博大等特点跃然纸上。

再次,运用排比手法。巴金先生说:"达夫《故都的秋》大量运用排比句式,语意畅达,可以说是现代文中运用排比的典范之作。"此文的排比,不是那种大江大河式的排山倒海,也不是抑扬顿挫的铿锵有力,而是回环往复,信马由缰,像一支小夜曲一样娓娓而来。

读这篇文章,有一种诗意的快感,这种快感来自文中一唱三叹的语调。作者赋予"故都的秋"以真挚的情意,无论礼赞或哀怜,无论热烈或悲凉,都深切地表达了作者的真切情意。

四 拓展致用

了解郁达夫的身世经历,走进他的内心深处,结合他的其他作品,如《春风沉醉的晚上》《沉沦》等,体会其行文中流露出的忧郁感伤情怀,思考如何去解读那份忧郁和感伤。

(一)牛刀小试

阅读下面的文章,完成后面的训练。

秋来查干湖

李旭光

查干湖美,美在秋天。秋湖的长天,极为疏朗。站在环湖路上,依稀看得见天宇的穹顶与湖水交割的弧线。惊鸿照影,间或掠过几朵祥云。夜幕乍落,伫立在湖岸高坡上的妙因寺,不时传出阵阵晚课的钟鼓和诵经的吟唱,剪影里,空气也凝固了一般。到了晓夜当空,繁星拱月时,天上湖中,已辨不出哪里是真实的,哪里是虚幻的。

查干湖美,美在秋水。秋水如娴静而又落落大方的少妇,深邃的眼睛定定地凝视着你。从松花江引入湖中的百里运河,已放慢了流速,使得这时的湖水波澜不惊,清澈见底。泥沙已经淘尽,水中的游鱼和水草分明可见。夏日肥得如油的湖水,已经显得清瘦,是湖水中的鱼虾和健硕的蒲苇把它的营养吸吮殆尽。湖水从暑热变为秋温,鱼儿多半向湖的深处游去,垂钓的人们便懒于来此蹲守。随着秋一天天走向肃穆,湖区的游人也少了许多,但仍有不少老人、情侣、画家、摄影家、迁客骚人来此小住。与其说是游湖,莫若说是人生的一次悄然回眸。

查干湖美,美在秋草。轻露染过的蒲草依然葱郁滴翠,很深的一截还在水里,蒲棒却透出橙黄。渔民介绍,蒲棒采摘下来,可以作为驱赶蚊蝇的香炷,一支蒲棒,可以燃上几个小时。有些地方用蒲草做床垫,铺在下面厚厚的、暖暖的,还散发着蒲香,销路很被看好。秋苇比起蒲草来,要更美些,更张扬些,更浪漫些。一枝枝、一簇簇,泛着轻黄的舒展的苇叶,就像跳藏族舞的姑娘,张开双臂,弓起腰肢,献出哈达。而泛着油光的银白色的芦苇花,在风中柔软地散落开,烈火呼啸般地狂舞。修长的苇秆,接踵摩肩,竹林般地森然列阵。待到湖上结冰时,这些蒲草和芦苇都要被渔民割掉。割去固然可惜,但为了将一腔热血回报养育它们的大地,为了来年春天新生命的再一次萌发,想一想,也就释然了。湖中还有铺天盖地的菱角与荷花。花期过后,尚有一片片圆得可人的叶子浮在湖面,新绿里透着油一般的光泽,圆叶的下面,是一枝细蔓连到湖床。这时,肥硕的菱角,黑黝黝的已经成熟。记得小时候开那达慕大会时,总有一些小商贩,将菱角煮熟后对半切开,用粗瓷碗盛着叫卖。孩子们用菱角那略朝里弯曲的锋利的尖儿,把果肉从菱角壳里抠出来,送到嘴里,吃起来真香。荷花的莲蓬籽,连同泥里鲜嫩稚白的藕都已成熟,渔民们却不舍得去捡拾,任由它们在湖中自在地散落,肆意地蔓生。

秋天的查干湖,是水鸟的王国。从8月底到10月初,在北国圣水中完成季节性侨居、顺便又繁衍后代的候鸟,几十万只之众,从四面八方向湖中翔集。对水禽颇有研究的鲍鹏友局长告诉我,这里面有天鹅,有丹顶鹤、白鹤、灰鹤、苍鹭、白鹳,有大雁以及其他近百种水禽,其中,光是野鸭,就有针尾鸭、绿头鸭、赤颈鸭等20多种。一时间,湖中用来接待"客人"的蒲苇显得容量不足,鸟儿们吵闹着,争抢着,嬉戏着,一边庆幸着对圣湖的占领,一边抓紧时间在这里捕鱼啄虾,补充能量,同时讨论着生活琐事,谋划着南归的路线。

秋天,湖中的鱼也肥了。南湖的水草茂密,草根鱼、青根鱼长得特别快。夏天到南湖垂钓,听到"咔哧""咔哧",那是草根鱼进食的声音,"咯嘣""咯嘣"的声响则是青根鱼的。青根鱼被渔民归类为牙鱼,它们非常爱吃田螺、河蚌等贝类,因此青根鱼的牙床后面有个冲压床一样的凹凸槽,骨头自然是极硬的。渔民在食用青根鱼前,都要先把这块骨头取出来,做成小饰件。青根鱼的肉雪白、细腻,口感极爽,是上佳之品。每年冬捕时,南湖的青根鱼一出水就极畅销,大的四五十斤重,一两米长,一斤就要卖到100多元钱。在北湖,鲢鱼、鳙鱼、鲤鱼、湖虾,俱为上佳之品。尤其是北湖的鳙鱼,俗称胖头鱼,是经过国家认证的绿色有机食品。冬捕时,湖面上人潮涌动,车如舟梭,冰晶雪国里蒸腾着节庆的热浪。

秋天的查干湖,最美的还是渔民。春天投放鱼苗,夏天管护,到了秋天,终于眼见着湖里的鱼肥了、大了,将整个湖都胀满了,渔民便美在了心里。他们这时开始收拾冬网,做着冬捕的准备。干活累了,几杯酒落肚儿,他们在一起海吹神聊,什么泥鳅用皮肤、肠道呼吸啦,胡罗鱼要在河蚌里产卵啦,老头鱼会冬眠啦,更别有一番情趣。

(有删改)

学法指引

这是一篇优美的写景状物散文,语言清新质朴,优美而隽永,从语言风格上看,与《故都的秋》有相似之处:措辞清新雅致又不落言筌,例如"秋苇比起蒲草来,要更美些,更张扬些,更浪漫些"。句式长短参差,整散结合,比如"一枝枝、一簇簇,泛着轻黄的舒展的苇叶,就像跳藏族舞的姑娘,张开双臂,弓起腰肢,献出哈达",尤其是最后三个短句,写出了苇叶在风中跳跃的轻快与愉悦,读来让人忍不住遐想。阅读时,可通过品味《故都的秋》的语言之法来体会这篇散文的语言之美。

从意境之法营造看,这篇散文与《故都的秋》同样都是写秋,但又是大相径庭的秋。

与《故都的秋》对比阅读,利用课文所学的意境分析法,寻找本文所选择的意象,想想作者为什么要选择它们,主观因素与客观因素有哪些。通过对意象的分析,总结查干湖的秋天的特色,从而分析出作者对查干湖的特殊情感。

1.下列对文章相关内容和艺术特色的分析鉴赏,不正确的一项是( )

A.全文运用了多种艺术手法,语言灵活多变,清新质朴,写出了查干湖的风景美与人情美,结构层层递进,条理清晰。

B.第三段将秋苇比作跳藏族舞的姑娘,"张开双臂,弓起腰肢,献出哈达",用比喻的手法写出了秋苇的坚韧与姿态的优美。

C.第二段中写"夏日肥得如油的湖水,已经显得清瘦,是湖水中的鱼虾和健硕的蒲苇把它的营养吸吮殆尽",用拟人手法写出了水乡秋天湖水回落,鱼肥虾美的丰收景象。

D.首段从视觉和听觉两方面,营造了祥和宁谧、清幽空灵的意境,总写出了查干湖秋天的美。

2.赏析第一段中画线部分的句子。

3.作者选择了哪些景物来描写查干湖的秋天?为什么要选择它们来表现查干湖的秋天之美?文章寄寓了作者怎样的感情?请简要分析。

(二)独闯天涯

阅读下面的文章,完成后面的练习。

常德的船

沈从文

常德就是武陵,陶潜的《续搜神记》上《桃花源记》说的渔人老家,应当摆在这个地方。

这个码头真正值得注意令人惊奇处,实也无过于船户和他所操纵的水上工具了。要认识湘西,不能不对他们先有一种认识。要欣赏湘西地方民族特殊性,船户是最有价值材料之一种。

一个旅行者理想中的武陵,渔船应当极多。到了这里一看,才知道水面各处是船只,可是却很不容易发现一只渔船。长河两岸浮泊的大小船只,外行人一眼看去,只觉得大同小异,事实上形制复杂不一,各有个性,代表了各个地方的个性。

船只最触目的三桅大方头船,实是个外来客,由长江越湖来的,运盐是它主要的职务。它大多数只到此为止,不会向沅水上游走去。普通人叫它作"盐船",名实相副。船家叫它作"大鳅鱼头",《金陀粹编》上载岳飞在洞庭湖水擒杨幺故事,这名字就见于记载了,名字虽俗,来源却很古。这种船只大多数是用乌油漆的,所以颜色多是黑的。这种船按季候行驶,因为要大水大风方能行动。杜甫诗上描绘的"洋洋万斛船,影若扬白虹",也许指的就是这种水上东西。

在沅水流域行驶,表现得富丽堂皇,气象不凡,可称为巨无霸的船只,应当数"洪江油船"。大船下行可载三四千桶桐油,上行可载两千件棉花,或一票食盐。必待春水发后方上下行驶,路线系往返常德和洪江。每年水大至多上下三五回,其余大多时节都在休息中,成排结队停泊河面,俨然是河上的主人。船主善交际,礼数清楚。常与商号中人拜把子,攀亲戚。会喝酒、打牌,且豪爽大方。水手多强壮勇敢,眉目精悍,善唱歌、泅水、打架、骂野话。船上人虽多,却各有所事,从不紊乱。舱面永远整洁如新。拔锚开头时,必擂鼓敲锣,在船头烧纸烧香,煮白肉祭神,燃放千子头鞭炮,表示人神和乐,共同帮忙,一路福星。<u>在开船仪式与行船歌声中,使人想起两千年前《楚辞》发生的原因,现在还好好地保留下来,今古如一。</u>

沅水中部的辰溪县,出白石灰和黑煤,运载这两种东西的本地船叫作"辰溪船"。它显得材料脆薄而缺少个性。船身多是浅黑色,款式都不怎么高明。船身脏,所运货又少时间性,满载下驶,危险性多,搭客不欢迎,因之弄船人对于清洁、时间就不甚关心。这种船上的席篷照例是不大完整的,布帆是破破碎碎的,给人印象如一个破落户。弄船人因闲而懒,精神多显得萎靡不振。

在常德水码头船只极小,漂浮水面如一片叶子,数量之多如淡干鱼,是专载客人用的"桃源划子"。船身既轻小,上下行的速度较之其他船只快过一倍。因此在有公路以前,这种小小船只实为沅水流域交通利器。弄船人工作不需如何紧张,开销又少,收入却较多。装载客人且多阔佬,同时桃源县人的性格又特别随和(沅水一到桃源后就变成一片平潭,再无恶滩急流,自然大大影响到水上人性情),所以弄船人脾气就马虎得多。

在沅水流域上下行驶,停泊到常德码头应当称为"客人"的船只,共有好几种。最引人注意的是颜色黄明照眼,式样轻巧,如竞赛用船的船只。弄船人语言清婉,装束素朴。这种船停泊河中,仿佛极其谦虚,一种做客应有的谦虚。

　　常德乡城本身也就类乎一只旱船,女作家丁玲,法律家戴修瓒,国学家余嘉锡,是这只旱船上长大的。较上游的河堤比城中高得多,涨水时水就到了城边,决堤时城四围便是水了。常德沿河的长街,街市上大小各种商铺不下数千家,都与水手有直接关系。杂货店铺专卖船上用件及零用物,可说是它们全为水手而预备的。至如油盐、花纱、牛皮、烟草等等庄号,也可说水手是为它们而有的。

　　常德沿沅水上行九十里,才到桃源县,再上行二十五里,方到桃源洞。千年前武陵渔人如何沿溪走到桃花源,这路线尚无好事的考古学家说起。现在想到桃源访古的"风雅人",大多数只好坐公共汽车去。在桃源县想看到老幼黄发垂髫、怡然自乐的光景,并不容易。不过或者自为历史的传统,地方人倒很和气,保存一点古风。也知道欢迎客人,杀鸡作黍,留客住宿。虽然多少得花点钱,数目并不多。此外如茶馆、酒馆,水手没有它不成,它没有水手更不成。

(有删改)

1.下列对文章内容和艺术特色的分析鉴赏,不正确的一项是(　　)

A."现在想到桃源访古的'风雅人',大多数只好坐公共汽车去"一句中,"风雅人"一词加上引号的目的是表示反语讽刺,对于那些去桃源访古的人,作者认为他们都只是附庸风雅,谈不上真正的风雅,表现了作者对这种形式上的风雅行动的强烈鄙视和反感。

B.本文的主要内容是介绍常德的船只,作者把各类船只依次罗列,如数家珍,简单的语言,却勾勒出这些船只的不同"性格",引人入胜。

C.《常德的船》主体写的是物,却能产生震撼人心的感情力量,这是由于作者在文中寄寓了他对人的同情和关心。

D.作者是本地人,他在创作本文时,既有浓厚的乡情,又对生活非常熟悉,下笔游刃有余,毫不捉襟见肘,艺术效果感人。

2.文章开篇和结尾都提到"桃花源",目的是什么?结合文本简要分析。

3.有人说"以船写人,以船喻人,是本文最大的特色",结合文本谈谈是如何体现这一特色的。

名师点拨

沈从文把乡村生活作为他作品的主要题材,专注于他笔下那个世外桃源般的"湘西世界",醉心于摹写乡下人的性格特征、生活方式、人生足迹,从而表现他心中的原始淳朴的人性之美。在《常德的船》一文中,船是湘西风情的一个符号,作者以船为绳索,牵系的是湘西的风土人情,画卷式地展示了亘古绵延、质朴淳厚、和谐自然的民俗文化。

在《常德的船》中,沈从文依次罗列了十几种常德码头最常见的船只,并逐一介绍了各类船只的形状、特点及用途。三桅大方头的"盐船"(大鳅鱼头);两桅或单桅,船身异常秀气的"乌江子";船体巨大、运载能力超强的巨无霸"洪江油船";形式笨拙,平头大尾,有斗拳师神气的"白河船";河小船巧,由细流远水带来的"洞河船";还有材料脆薄而缺少个性的"辰溪船"(广舶子);船头尾高举的"麻阳船";船只极小的"桃源划子",以及玉屏船、龙潭船、铜仁船等。这些"性格迥异"的船,代表了其中不同阶层的人和人性,具有鲜明的地方特色,彰显了独特的历史与文化的沅水文明。阅读本文,首先要找寻出"船"这条线索,然后条分缕析,总结船的特性,从而从这些船的特性后面审视湘西的人性之美和文明之美。

(三)剑指高考

阅读《常德的船》,回答下面的问题。

1.下列对文本相关内容和艺术特色的分析鉴赏,不正确的一项是(　　)

A.本文中船只代表作者对湘西民俗民情的认知,是作者为帮助他人认识湘西而精心谱写的一曲充满乡情的船歌。

B.沈从文写常德的船只,却提到了女作家丁玲,法律家戴修瓒,国学家余嘉锡等名人,看似随意的一笔,却暗藏一种不平之气,认为常德在世人心中应该有更高的地位。

C.本文通过十余种往返于常德的船只的介绍,画卷式地展示了沅水文明的独有特性,勾勒出了自然与文化相通的湘西民俗文化图。

D.作者在船与人、河与人、水与人的关系中,把船作为中介,通过船、河、水的性格塑造,展示了湘西人的独特个性。

2.文中画线句子"在开船仪式与行船歌声中",为什么"使人想起两千年前《楚辞》发生的原因"? 这样写有何好处?

3.有人评价沈从文写《常德的船》"看似琐屑,实则情深",结合全文简要分析这种评价。

第三节

《汉家寨》及此类文章的学法点拨

一 文本解要

(一)文本指要

《汉家寨》是人教版普通高中课程标准实验教科书(2006年)《语文(选修·中国现代诗歌散文欣赏)》中"散文部分"第一单元的第二课,作者是我国当代著名作家张承志。本单元主要是叙写记忆、抒发感受类的散文,或描摹风光,或刻画风物,或掀起尘世记忆,用个性化的表达演绎了关于人生、生命和价值意义的深刻思考。《汉家寨》更是以无边旷野中的一段行走记忆追问了"坚守"二字的分量。学生阅读此类散文,要联系相关作品,了解作者的经历,打开心灵的触觉,去感知字里行间流露出的生命情怀,获取精神养分,从而得到审美与价值观的升华。阅读时应赏析语言,圈点勾画,批注感受,读懂文字背后的深刻意义,让人文情怀和思想之花扎根心底。

(二)素养导航

1.语言建构与运用

在《汉家寨》中,张承志用近乎冷酷的笔调让人感受到了生命之顽强。诗化品格是张承志语言的典型审美风格。他摒弃了作为日常交流传递信息的生活语言,选择了能够承载其浓烈内在情感与自觉审美追求的诗化语言,同时以意象化的语言与结构透视生命,以强烈的情感叩击人心,从而通过符号化的隐喻手法来呼唤心灵的皈依。

《汉家寨》开篇用两个"大"字和一个"点"字,显出了"我"的渺小与压迫感,对这方天地带着恐惧的震撼感油然而生。在这苍凉广袤的土地上,张承志极尽描写的慷慨悲壮,以色彩和修辞凸显出生命的张力。"碧绿"的毒草、酥碎的"红"石、"淡红色"的焦土、"血"一样的碎石、"铁灰色"砾石、"黑"戈壁……字里行间透露出作者的极度惶恐,现实与幻觉的交织所产生的负面心理效应为下文的抒情议论营造出一种精神的绝境。在这样的异域风情中,"汉家寨,如一枚被人丢弃的棋子,如一粒生锈的弹丸,孤零零地存在于这巨大得恐怖的大自然中",两个简单的比喻,让这种孤独、被丢弃之感直击读者心灵。这些描述仿佛让人看到汉唐时代边塞诗的苍茫慷慨、沉郁悲壮。读这样的文章,应进入字里行间,细细打量,品味一词一句的深意,感受文字里蕴藏的巨大情感力量。

2.思维发展与提升

散文为人熟知的魅力是"形散而神不散"。透过语言去感受,让思维在跳跃中随着作者的思绪飘飞律动,从而找到思想的精髓。《汉家寨》在作者一点点的描述、一笔笔的铺垫中,慢慢走近了坚守的意义。从走近到走进这片土地,从了解老汉和小女孩的眼神到懂得坚守的品质,最终感受到坚守的情怀。初读文章时,就要抓住它的行文线索,跟随作者的笔触,达到情感的升华。

从语言的品味到思维的提升需要读者有意识地追问,既是追问文本,也是追问自我。为什么多年后作者会有"那便是我女儿的眼睛"的感觉? 这种感觉有何深刻的意义呢? 小女孩的眼睛澄澈纯洁、简单纯粹,她坚守的精神似乎与生俱来。初见时,"我"震撼于老汉和小女孩的坚守;多年之后,"我"终于意识到自己内心中那点"坚守"的基因。"我"能读懂小女孩的眼睛,就在于有父女般天然的亲近,而她也唤醒了"我"心中"坚守"的星火。深层次的阅读应当循着语言的"肌理"层层追问,探寻出语言背后作者的精神寄托。

3.审美鉴赏与创造

在文学的世界里,"诗中有画,画中有诗"的艺术境界也是可以创造的。张承志在《汉家寨》中描绘了一个动人心魄的画面:广袤荒凉的戈壁上一老一小格外清晰的身影。他们是剪影,也是画面的主色调。张承志之所以描述这样一个动人心魄的画面,除了源于他受到的强烈的心灵震撼,更反映出他的文学追求。

20世纪八九十年代是中国经济迅猛发展的年代,人文精神面临失落的危机,他感知到西方世界(包括日本)对我们的文化偏见和歧视,所以在作品中流露出对文化民族主义的强烈认同。基于这样的背景,我们才能更准确地去理解张承志身上的批判气质和理想的人文主义精神,去读懂《汉家寨》中坚守的意义。在商业化和世俗化的演进狂潮中,老汉和小女孩坚守的画面才显得格外珍贵。《汉家寨》选自张承志的散文集《荒芜英雄路》,毫无疑问,在他看来,那些从古至今坚守"砦"的人都是英雄。

4.文化传承与理解

文字之所以动人,源于对文化根脉的维系与传承。《汉家寨》写老汉与小女孩,他们是这方土地的守护者,但坚守的又不只是他们。作者追溯到汉唐故事,而又见之于小女孩黑亮眼睛里的光芒。老汉的眼睛里有对过去的波澜不惊,于他而言,坚守已经成为生命的一部分,是生活的习惯。而在小女孩黑亮的眼睛里,有作者赋予的对坚守的未来的希望。由此,"我"的心中坚守的种子也随之生根发芽。

《汉家寨》无疑是值得细读的经典文本,"汉家寨"是一个符号,于作者,于读者,都能在这里找到精神的皈依。理解经典作品背后的文化,更需要披沙拣金,只有经过了自己的反思与分辨的文化,才有可能最终进入生命,成为自己的思想与血液,从而实现真正意义上的文化传承。所以在本文外延伸阅读的过程中,我们应当允许多元思想的碰撞,分辨坚守的不同情境,真正做到批判吸收,使坚守的生命之力得到传承。

二 预习路径

了解作者的生平经历、见闻感悟,方能更好地读懂文章的深意。我们可以查阅张承志的生平和创作历程,初步了解其语言风格和艺术特色。汉家寨位于新疆北麓,我们可通过网络了解汉家寨的地理与历史资料,结合自己的阅读感受,以小组为单位在课堂展示,使之对课文描绘的"绝地之景"有更直观的感受,对在此坚守之人有更深刻的理解。

三 学法指津

张承志的文字具有诗化风格。《汉家寨》通过诗化语言营造出来的神秘意境和"失语者"形象都是读懂这篇散文的关键。我们可以透过意境营造法和形象塑造法去看清《汉家寨》背后的隐秘,读懂作者隐藏在文字背后的深意。

(一)意境营造法

现代写景散文和我国古典诗词有异曲同工之妙,它们都常常借景抒情,融情入景,托物寄意,可谓"一切景语皆情语"。为了让读者更好地感受其深意,往往以情境先行,抓住意象,营造出动人心魄的意境。

《汉家寨》起笔就以沉郁凝重的语言勾勒了旷寂苍凉的异域风貌,贫瘠落后,孤独死寂,奇异中带着震撼,一下子把读者引入了神秘的境地,作者笔下的思绪也跃然纸上。与此同时,文章还以鲜明多样的修辞手法让环境特点得到了更生动地刻画,如把天山南麓比作一块被烤伤的皮肤，本体和喻体的相似点是红肿并伤痕累累，作者将这恶劣、酷热、干旱的环境特点具体形象地描绘了出来。自然环境之铁渣堆一样的枯山、可怕的远方，这末日般的景象，无一不唤起人心底的恐惧。然而这里也有动物，"马在这种血一样的碎石中谨慎地选择着落蹄之地"，拟人的修辞让奔腾的骏马不得不"谨慎落蹄"，突出了天山南麓地面上碎石的尖利和行路的艰难，从而再一次展现了环境的严酷。正是在张承志这样强烈的主观色彩描述中，我们才愈发感悟出汉家寨人坚守的珍贵。

（二）形象塑造法

人物形象的塑造是小说中典型的写作手法，但在散文的情感抒发中，也不乏人物形象的落墨，他们同样是能够体现作者情感和精神的载体。

在《汉家寨》中，汉家寨人被具象到老汉和小女孩身上，但关于老汉的描写寥寥几笔，"无言""摇摇头""突然钻进泥屋"，可见其木讷、迟钝，给这一片土地蒙上一层神秘之感。文中的小女孩则"不眨眼""盯着我""穿破红花棉袄""一动不动""一直凝视"，可见其天真、好奇，但流露出的更多是无言的茫然。

这一老一小的"失语者"形象，是这片荒凉单调、粗犷严酷的土地的缩影，从而景的性格亦是人的性格，汉家寨的荒凉冷寂，自然形成了汉家寨人"失语"的性格。而"失语者"的形象恰恰能凸显坚守的主题。"失语"是留白的艺术，是"此时无声胜有声"。无言的坚守体现了汉家寨人的坚韧质朴，老人和小女孩坚守着祖先留下的家园，坚守着汉家寨传统的生活方式。而作者从中感受到了他们坚守的是延续了一千多年的生存信念，这种坚守精神是需要韧性的，更需要一种传承才能一直存在。这样我们就会发现，汉家寨人生活在这里并不会感觉到恐惧，不会认为这里是异域或绝地，他们已经将自我融入了这种坚守之中，带着一种生命的原始和古朴，成为整个汉家寨大环境的一部分，成为自然的一部分。

四 拓展致用

课后阅读张承志《北方的河》《清洁的精神》《风土与山河》等作品，延伸阅读周国平《坚守精神的家园》、刘亮程《一个人的村庄》等，提高自己的文字敏感度和共情能力。

(一)牛刀小试

阅读下面的文章,完成后面的练习。

寂寞天柱山

余秋雨

现在有很多文化人完全不知道天柱山的所在,这实在是不应该的。

我曾惊奇地发现,中国古代许多大文豪、大诗人都曾希望在天柱山安家。他们走过的地方很多,面对着佳山佳水一时激动,说一些过头话是不奇怪的。但是,声言一定要在某地安家,声言非要在那里安度晚年不可,而且身处不同的时代竟不谋而合地如此声言,这无论如何是罕见的。

唐天宝七年,诗人李白只是在江上路过时远远地看了看天柱山,便立即把它选为自己的归宿地:"待吾还丹成,投迹归此地。"过了些年,安禄山叛乱,唐玄宗携杨贵妃出逃蜀中,《长恨歌》《长生殿》所描写过的生生死死大事件发生在历史舞台上,那个时候李白到哪里去了呢?原来他正躲在天柱山静静地读书。……

想在天柱山安家的愿望比李白还要强烈的,是宋代大文豪苏东坡。苏东坡在四十岁时曾遇见过一位在天柱山长期隐居的高人,两人饮酒畅叙三日,话题总不离天柱山,苏东坡由此而想到自己在颠沛流离中,年方四十而华发苍苍,下决心也要拜谒天柱山来领略另一种人生风味。"年来四十发苍苍,始欲求方救憔悴。他所若访潜山居,慎勿逃人改名字。"这便是他当时随口吟出的诗。后来,他在给一位叫李惟熙的友人写信时又说:"平生爱舒州风土,欲卜居为终老之计。"他这里所说的舒州便是天柱山的所在地,也可看作是天柱山的别称。请看,这位游遍了名山大川的旅行家已明确无误地表明要把卜居天柱山作为"终老之计"了。他这是在用诚恳的语言写信,而不是作诗,并无夸张成分。直到晚年,他的这个计划仍没有改变。老人一生最后一个官职竟十分巧合地是"舒州团练副使",看来连上天也有意成全他的"终老之计"了。他欣然写道:"青山只在古城隅,万昊归来卜筑居。"把到天柱山来说成是"归来",分明早已把它看成了家。但如所周知,一位在朝野都极有名望的六十余岁老人的定居处所已不是他本人的意向所能决定的了,和李白一样,苏东坡也没有实现自己的"终老之计"。

与苏东坡同时代的王安石是做大官的人,对山水景物比不得李白、苏东坡痴情,但有趣的是,他竟然对天柱山也抱有终身性的迷恋。王安石在三十多岁时曾做过三年舒州通判,多次畅游过天柱山,后来虽然宦迹处处,却怎么也丢不下这座山,用现代语言来说,几乎是打上了一个解不开的"情结"。不管到了哪儿,也不管多大年纪了,他只要一想到天柱山就经常羞愧:"相看灵奇无归计,一梦东南即自羞!"这两句取自他《怀舒州山水》一诗,天柱山永远在他梦中,而自己头发秃谢了也无法回去,他只能深深"自羞"了。与苏东坡一样,他也把到天柱山说成是"归"。

王安石一生经历的政治风浪多,社会地位高,但他总觉得平生有许多事情没有多大意思,因此,上面提到的这种自羞意识总是一而再再而三地浮现于心头:"看君别后行藏意,回顾潜楼只自羞。"

只要听到有人要到天柱山去,他总是送诗祝贺,深表羡慕。"揽辔羡君桥此路",他多么想跟着这位朋友一起纵马再去天柱山啊,但他毕竟是极不自由的,"宦身有吏责,觭事遇嫌猜",他只能把生命深处那种野朴的欲求克制住。而事实上,他真正神往的生命状态乃是:"野性堪如此,潜山归去来。"

还可以举出一些著名文学家来。例如在天柱山居住过一段时间的黄庭坚此后总是口口声声说"吾家潜山,实为名山之福地",而实际上他是江西人,真正的家乡离天柱山还远得很。

再列举下去有点"掉书袋"的味道了,就此打住吧。我深感兴趣的问题是,在华夏大地的崇山峻岭中间,天柱山究竟凭什么赢得了这么多文学大师的厚爱?

很可能是它曾经有过的宗教气氛。天柱山自南北朝特别是隋唐以后,佛道两教都非常兴盛。佛教的二祖、三祖、四祖都曾在此传经,至今三祖寺仍是全国著名的禅宗古刹;在道教那里,天柱山的地理位置使它成为"地维",是"九天司命真君"的居住地,很多道家大师都曾在这学过道。这两大宗教在此交汇,使天柱山一度拥有层层叠叠的殿宇楼阁,气象非凡。对于高品位的中国文人来说,佛道两教往往是他们世界观的主干或侧翼,因此这座山很有可能成为他们漫长人生的精神皈依点。这种山水化了的宗教,理念化了的风物,最能使那批有悟性的文人畅意适怀。例如李白、苏东坡对它的思念,就与此有关。

也可能是它所蕴含的某种历史魅力,早在公元前106年,汉武帝曾到天柱山祭祀,封此山为南岳,这次祭山是连伟大的历史学家司马迁也跟随来了的。后来,天柱山地区出过一些让中国人都难以忘怀的历史人物,例如赫赫大名的三国周瑜,以及"小乔初嫁了"的二乔姐妹。……一般的文人至少会对乔氏姐妹的出生地发生兴趣:"乔公二女秀所钟,秋水并蒂开芙蓉。只今冷落遗故址,令人千古思余风。"(罗庄《潜山古风》)

当然,还会有其他可能。

但是在我看来,首要条件还是它的自然风景。如果风景不好,佛道寺院不会竞相在这里筑建,出了再大的名人也不会叫人过多地流连。

那么,且让人们进山。从古代诗人到我们,都会在天柱山的清寂山道上反复想到一个远远超出社会学范畴的哲学命题:家。

(有删改)

学法指引

潜伏在天柱山语言的山谷,余秋雨让我们听到了来自不同时代的不谋而合的声音——李白、苏东坡、王安石、黄庭坚……在《寂寞天柱山》中,我们看到了这些文采飞扬、风流潇洒的文人墨客,尽管性情各异、命运交错,然而,在他们的心底却都有一种执着的意愿——把天柱山作为自己的终老之地。与张承志的"汉家寨"有某种程度的相似,它是一种文化的象征,是文人的精神皈依,是一个民族的集体记忆。因此在阅读中我们应当抓住文章的思路,从列举的文人雅士对天柱山的青睐,到他们选择天柱山的原因分析,直到探究出天柱山的文化意义。

1.下列对文本相关内容和艺术特色的分析鉴赏,不正确的一项是(　　)

A.文章开篇就写中国古代许多大文豪、大诗人都希望在天柱山安家,突出天柱山的独特,为下文的展开作铺垫。

B.文章第三段写安史之乱,李白躲在天柱山读书,突出了天柱山不受世俗纷扰,为文人提供了一方安静的归属地,赋予了天柱山"家"的意义。

C.天柱山之所以赢得众多文人雅士的青睐,成为中国古代文人精神的栖息地,只因其有深厚的文化底蕴和神秘的历史魅力。

D.文章引用了很多古诗文,显示出作者深厚的文化积淀,也丰富了文章的内涵,增强了可读性。

2.结合内容,简析文章的语言特色。

3.为什么文人都有来天柱山安家的愿望?请选择其中一位详细说明缘由。

(二)独闯天涯

阅读下面的文章,完成后面的练习。

寒风吹彻

刘亮程

我曾在一个寒冷的早晨,把一个浑身结满冰霜的路人让进屋子,给他倒了一杯热茶。那是个上了年纪的人,身上带着许多个冬天的寒冷,当他坐在我的火炉旁时,炉火须臾间变得苍白。我没有问他的名字,在火炉的另一边,我感到迎面逼来的一个老人的透骨寒气。

他一句话不说。我想他的话肯定全冻硬了,得过一阵才能化开。

大约坐了半个时辰,他站起来,朝我点了一下头,开门走了。我以为他暖和过来了。

第二天下午,听人说村西边冻死了一个人。我跑过去,看见这个上了年纪的人躺在路边,半边脸埋在雪中。

我第一次看到一个人被冻死。

我不敢相信他已经死了。他的生命中肯定还深藏着一点温暖,只是我们看不见。一个人最后的微弱挣扎我们看不见,呼唤和呻吟我们听不见。

我们认为他死了。彻底地冻僵了。

他的身上怎么能留住一点点温暖呢?靠什么去留住。他的烂了几个洞、棉花露在外面的旧棉衣?底磨得快通了,一边帮已经脱落的那双鞋?还有他的比多少个冬天加起来还要寒冷的心境……

落在一个人一生中的雪,我们不能全部看见。每个人都在自己的生命中,孤独地过冬。我们帮不了谁。我的一小炉火,对这个贫寒一生的人来说,显然杯水车薪。他的寒冷太巨大。

我有一个姑妈,住在河那边的村庄里,许多年前的那些个冬天,我们兄弟几个常手牵手走过封冻的玛河去看望她。每次临别前,姑妈总要说一句:天热了让你妈过来喧喧。

姑妈年老多病,她总担心自己过不了冬天。天一冷她便足不出户,偎在一间矮土屋里,抱着火炉,等待春天来临。

一个人老的时候,是那么渴望春天来临。尽管春天来了她没有一片要抽芽的叶子,没有半瓣要开放的花朵。春天只是来到大地上,来到别人的生命中。但她还是渴望春天,她害怕寒冷。

我一直没有忘记姑妈的这句话,也不止一次地把它转告给母亲。母亲只是望望我,又忙着做她的活。母亲不是一个人在过冬,她有五六个没长大的孩子,她要拉扯着他们度过冬天,不让一个孩子受冷。她和姑妈一样期盼着春天。

天热了,母亲会带着我们,蹚过河,到对岸的村子里看望姑妈。姑妈也会走出蜗居一冬的土屋,在院子里晒着暖暖的太阳和我们说说笑笑……

姑妈死在几年后的一个冬天。我回家过年,记得是大年初四,我陪着母亲沿一条即将解冻的马路往回走。母亲在那段路上告诉我姑妈去世的事。她说:"你姑妈死掉了。"

母亲说得那么平淡,像在说一件跟死亡无关的事情。

"咋死的?"我似乎问得更平淡。

母亲没有直接回答我。她只是说:"你大哥和你弟弟过去帮助料理了后事。"

此后的好一阵,我们再没说这事,只顾静静地走路。快到家门口时,母亲说了句:天热了。

我抬头看了看母亲,她的身上正冒着热气,或许是走路的缘故,不过天气真的转热了。对母亲来说,这个冬天已经过去了。

"天热了过来喧喧。"我又想起姑妈的这句话。这个春天再不属于姑妈了。她熬过了许多个冬天还是被这个冬天留住了。我想起爷爷奶奶也是分别死在几年前的冬天。母亲还活着。我们在世上的亲人会越来越少。我告诉自己,不管天冷天热,我们都常过来和母亲坐坐。

母亲拉扯大她的七个儿女。她老了。我们长高长大的七个儿女,或许能为母亲挡住一丝的寒冷。每当儿女们回到家里,母亲都会特别高兴,家里也顿时平添热闹的气氛。

但母亲斑白的双鬓分明让我感到她一个人的冬天已经来临,那些雪开始不退、冰霜开始不融化——无论春天来了,还是儿女们的孝心和温暖备至。

　　随着三十年这样的人生距离,我感觉着母亲独自在冬天的透心寒冷。我无能为力。

　　雪越下越大。天彻底黑透了。

　　我围抱着火炉,烤热漫长一生的一个时刻。我知道这一时刻之外,我其余的岁月,我的亲人们的岁月,远在屋外的大雪中,被寒风吹彻。

(有删改)

1.下列对文章相关内容和艺术特色的分析鉴赏,最恰当的一项是(　　)

　　A.文章第一段,写"当他坐在我的火炉旁时,炉火须臾间变得苍白"运用了衬托手法。以"炉火须臾间变得苍白"衬托路人"透心的寒冷"。

　　B.文章第十二段"没有一片要抽芽的叶子,没有半瓣要开放的花朵",形象地表明她的生命已经不再有亮丽的色彩和充满生命力的希望。

　　C.文中叙写了姑妈对母亲的几次邀请,"她和姑妈一样期盼着春天"一句中,母亲和姑妈期盼的"春天"的内涵是完全一样的。

　　D.文章结尾意在表明世间所有的人,都是相同的命运,都会被"寒风吹彻"。这是作者对生命脆弱、无法挽留的慨叹。

2.从语言的角度,鉴赏文中画线的句子。

3.结合文章主旨理解文中的"冬天"的含义。

名师点拨

　　《寒风吹彻》是一首对于劣境、苦难、抗争、希望有着独特体验的生命悲歌,其主旋律是"生命的苦难体验"。散文往往运用象征的写法,托物喻义,通过一定的具体形象来表现一种深远的意义。刘亮程借助独特的"寒风体验",透视生命,同情自己,关怀他人,既抒写了彻骨的生命寒意,也写出了生命固有的坚韧质地,以及苦难中温暖而庄严的人生。在阅读理解的过程中要抓住其中有丰富内涵的意象,比如雪、寒风、冬天等,通过这些相关词句去体会文章的深刻内涵。

(三)剑指高考

阅读《寒风吹彻》,回答下面的问题。

1.下列对文意的理解,正确的一项是(　　)

A.文章以人生四季中的寒冷冬季为明线,以风雪为暗线。两条线索彼此交织,将作者的想象和感悟、回忆和向往联系在一起。

B."母亲说得那么平淡,像在说一件跟死亡无关的事情。""'咋死的?'我似乎问得更平淡。"一问一答,见出世态炎凉、亲情冷漠,人的精神世界就像冬天的寒冷一般,让人麻木,可悲可叹。

C.本文笔调沉静、冷峻,以此呈现过去的岁月和过去的"我",以及记忆中的姑妈,联想到"我"的母亲以及现在的"我"。作者以"寒风体验"为依托,透视生命,观照自我与他人,在对寒意的书写中表达了对生命的悲悯以及对人性光辉的礼赞。

D.作者在文章最后一句中,表达了对世间所有人相同命运的悲观情绪,强调了生命的脆弱和无常。

2.第一段中"当他坐在我的火炉旁时,炉火须臾间变得苍白"一句,用了什么修辞手法?有什么作用?

3.文中母亲"和姑妈一样期盼着春天",结合上下文,分析母亲和姑妈各自期盼的"春天"的内涵是否相同,具体何指。

第四节

《囚绿记》及此类文章的学法点拨

一 文本解要

(一)文本指要

《囚绿记》是人教版普通高中课程标准实验教科书(2004年)《语文(必修2)》第一单元第三课,作者是现代散文家、革命家陆蠡。《囚绿记》以其写景状物的新颖独特、含蓄蕴藉而动人心弦,引人深思。阅读此类散文,要注意圈画批注,反复诵读,合理想象,身临其境,感悟情感,体会景物特点,由此进入一种审美境界。

(二)素养导航

1.语言建构与应用

陆蠡的散文语言很有特色,有一种别人无法模仿的简洁雅致的神韵。他的散文,用词造句不露穿凿之痕,语气节奏恰似促膝而谈,情感抒发堪称真情流露,娓娓道来从而引人入胜。《囚绿记》本是状物散文,但在作者的笔下,那"绿"却不再是单纯的物。初见是"绿影",惊鸿一瞥,难掩欣喜;细见是"绿色",朝夕相伴,视若至宝;深爱成"绿囚",自私占有,魔念顿生;怀念那"绿友",心怀愧疚,久别思念。作者写"绿"并非单纯描摹外貌,而是用一种讲故事的笔调,将自己与"绿"的相遇相知相守相离相思,娓娓道来,让读者不知不觉就沉浸在他的世界当中,感悟到他与"绿"的深情。

《囚绿记》以细微的称呼变化,表情达意;以细致的外形描写,刻画形象;以独特的讲述形式,引人入胜。学习《囚绿记》就是要学习这种平中见奇、细微处见大学问、平静中寓深感情的语言建构形式。作者以细腻的笔触,细致地刻画了"绿"的形象,打动人心。"可是每天早晨,我起来观看这被幽囚的'绿友'时,它的尖端总朝着窗外的方向。甚至于一枚细叶,一茎卷须,都朝原来的方向。"此处描写简单朴实,却笔触细腻,富有感染力,让人感受到"绿"的固执,"我"的恼怒。而"它渐渐失去了青苍的颜色,变成柔绿,变成嫩黄,枝条变成细瘦,变成娇弱,好像病了的孩子。"这里细致地描写了"绿"的颜色和枝条的变化,如在眼前,同时运用比喻,引起读者对"绿"的同情和对"绿"宁死不屈的精神的敬佩。

2.思维发展与提升

陆蠡是散文家中的纯艺术家,他的散文全然投入单纯的情感,从一丝萦念的线头,便能抽出一篇美丽而多情的绝妙小品来,《囚绿记》便是如此。文章以"绿"为线索,按遇绿—赏绿—囚绿—放绿—思绿的过程来建构,形成作品特有的节奏。"绿色是多宝贵的啊!它是生命,它是希望,它是慰安,它是快乐。"正是因为对"绿"的珍视和渴求,所以惊鸿一瞥就选定房间便合乎情理。而房间选定入住后,便有大量的时间来"赏绿",用大量的篇幅极言对绿之爱,"绿"的面纱也缓缓揭开,后文"囚绿"之举也顺理成章。

正是因为对"绿"爱之深,所以希望和"绿"更加亲近,固执地把它囚禁在"我"的案前,即使它消损清减,即使"我"心生悔意,也依然不愿放它自由。如此固执的"囚绿",最后却为何又要"放绿"呢?这是文章主题所在。有前两部分的恣情抒写,步步"放纵",到这一部分文意逆转,猛然收住,就如高超的乐师,将情绪推到最高潮而暂歇,"此时无声胜有声",笔势跌宕,发人深省。"思绿"部分虽只有短短三句话,却是言有尽而意无穷。一枝青藤牵动了作者的情思,也打动了读者的心灵。结构的跌宕多姿,与作者的感情起伏相关联。作者留下了广阔的空间,让读者去思索回味。

3.审美鉴赏与创造

陆蠡善于从琐细的生活情节中,挖掘出某种耐人寻味的人生哲理,以细致出彩的景物描写刻画纯粹深刻的审美形象。本文以象征手法赋予"绿"独特的精神气质,塑造了独特的审美艺术形象,取得了震撼人心的表达效果。

作者细致地描写这"绿","看它怎样伸开柔软的卷须,攀住一根缘引它的绳索,或一茎枯枝;看它怎样舒开折叠着的嫩叶,渐渐变青,渐渐变老",这"绿"生机勃发,积极向上。而当"我"把"绿"牵引进房间,"它的尖端总朝着窗外的方向,甚至于一枚细叶,一茎卷须,都朝原来的方向",这"绿"固执顽强,向往自由。当"我"继续囚禁,"它渐渐失去了青苍的颜色,变成柔绿,变成嫩黄,枝条变成细瘦,变成娇弱",这"绿"宁折不弯,勇敢反抗。行文至此,这"绿"已不只是自然之绿,还是生命之绿,是人格之绿,是中华大地广大人民的象征,他们宁死不屈,坚贞勇敢,即使身处困厄,依然心向阳光,勇敢反抗。这"绿"与人一体,形成独特的审美形象。

4.文化传承与理解

"人是在自然中生长的,绿色是自然的颜色",绿是自然界不可或缺的成分,也是人不可缺少的依托。"最爱湖东行不足,绿杨阴里白沙堤"的"绿"是白居易钱塘湖春行的惬意,"一水护田将绿绕,两山排闼送青来"的"绿"是湖阴先生幽居的清雅,"千里莺啼绿映红,水村山郭酒旗风"的"绿"是江南春景的繁盛,"春风又绿江南岸,明月何时照我还"的"绿"是游子对家乡的深切思念。"绿"简单纯粹,却蕴含数不尽的文人情思,陆蠡当然也不例外。

"绿"之于陆蠡,是生命,是希望,是慰安,是快乐。他酷爱绿色,所以毫不犹豫地选择了那间并不舒适的房间,只因为一个小小的惊喜——绿。而和绿相处越久,爱之越深,越想亲近,以至于将其"囚禁"于室内,欣赏把玩。正因为对绿叶有着如此炽烈之酷爱,才能领略到常人所不曾见识过的美、体验和感受,并从中悟出像常青藤一样生命总在不屈不挠地为生存而抗争的道理。而从那一枝不肯屈服于囚牢的绿藤,这个"不屈服于黑暗的囚人"身上,作者更是联想到了抗日烽火、民族存亡,其寓意可谓深刻。因此,这其实是一篇献给那些英勇抗战的爱国志士们的赞歌,超越时代,永垂不朽。

二 预习路径

本篇散文情感深沉,语言优美,值得学生细细品味。教师课前安排学生自读,为保证预习效果,可设置预习方向:(1)解决字音字形问题。(2)以"绿"为线索,厘清行文思路以及作者的情感变化。(3)反复诵读文章,初步体会文章的写景手法。(4)抓住文中重点句子,圈点批注,赏析品味。(5)结合写作背景,深入理解"绿"的内涵。

三 学法指津

本文的阅读重难点在于理解文中"绿"的形象以及内涵,故宜采用以下两种方法学习。

(一)背景助读法

《囚绿记》是一篇写景状物散文,却又不纯粹抒发对"绿"的喜爱。文章倒数第二段详细地介绍了"我""释绿"的背景——卢沟桥事变,再结合前文"灰暗的都市的天空和黄漠的平原"以及"困倦的旅程和已往的许多不快的记忆",我们很容易想到当时风雨飘摇的形势。所以想要真正读懂"绿",读懂作者的情感,就必须联系文章的写作背景。

《囚绿记》写于抗战时期(1938年)"祖国蒙受极大耻辱的时候"。文章所述之事发生在卢沟桥事变后,地点是烽烟中的旧都,联系时代背景,很自然地就会使读者联想到,这

"永远向着阳光生长""永不屈服于黑暗"的常春藤,正是我们多灾多难而又坚韧不拔的民族的象征,体味到作者祝福它"繁茂苍绿"中所包含的对民族的光明前景的向往,体会到作者在含而不露地抒发对破坏和毁灭生命的侵略者的愤懑之情。

(二)形象塑造法

形象的鉴赏是散文阅读的一个重要考查点,主要出现在托物言志或写景状物类散文中,鉴赏的形象往往包含着作者的思想情感。物象的塑造方式大多通过描写其外在特征(如形态、色泽、特征等)及生长环境来展示其内在品格,有时也会通过拟人、比喻、对比、象征等多种手法塑造其形象。

形态描写。"伸开柔软的卷须",下雨时"淅沥的声音,婆娑的摆舞";这里对常春藤进行了细致的形态描写,突出了常春藤的生机与活力,也表现了作者对它的喜爱之情,它是青春、爱和幸福的象征,就像作者说的,"我要借绿色来比喻葱茏的爱和幸福,我要借绿色来比喻猗郁的年华"。

颜色描写。窗外的常春藤"舒开折叠着的嫩叶,渐渐变青,渐渐变老",充满了生命力;而被"我"囚禁在屋子里的常春藤却"渐渐失去了青苍的颜色,变成柔绿,变成嫩黄,枝条变成细瘦,变成娇弱,好像病了的孩子",这里体现了常春藤的柔弱,但也能体现它的坚韧不屈,面对强势,不媚颜讨好,而是以自己的方式,表达内心强烈的不满。

环境描写。"砖铺的潮湿的地面,纸糊的墙壁和天花板,两扇木格子嵌玻璃的窗","灰暗的都市的天空和黄漠的平原",这是作者生活的环境,也是常春藤生长的环境,但是哪怕环境再恶劣,常春藤依然长出"繁密的枝叶",依然坚强勇敢。

象征手法。这绿色是生命的象征,它自然应该接受阳光的轻抚、雨露的洗礼,哪怕被囚禁,也依然固执地朝着原来的方向,永远向着阳光生长。这就像被日本践踏的中华民族,虽然被囚禁于这暗无天日的人间地狱,遭受着巨大的折磨和痛苦,却依然永不屈服,依然向着光明勇敢生长。

四 拓展致用

陆蠡的散文文笔缜密,构思严谨,笔触细腻,情感真挚,课外阅读《海星》《蛛网和家》《贝舟》《麦场》《光》《溪》《竹刀》《门与叩者》等作品,更深刻地体会散文的韵致与美感。

(一)牛刀小试

阅读下面的文字,完成后面的练习。

银杏

郭沫若

银杏,我思念你,我不知道你为什么又叫公孙树。但一般人叫你白果,那是容易了解的。

我知道,你的特征并不专在乎你有这和杏相仿的果实,核皮是纯白如银,核仁是富于营养——这不用说已经就足以为你的特征了。

但一般人并不知道你是有花植物中最古的先进,你的花粉和胚珠具有动物般的性态,你是完全由人力保存了下来的奇珍。

自然界中已经是不能有你的存在了,但你依然挺立着,在太空中高唱着人间胜利的凯歌。你这东方的圣者,你这中国人文的有生命的纪念塔,你是只有中国才有呀,一般人似乎也并不知道。

我到过日本,日本也有你,但你分明是日本的华侨,你侨居在日本大约已有中国的文化侨居在日本的那样久远了吧。

你是真应该称为中国的国树的呀,我是喜欢你,我特别地喜欢你。

但也并不是因为你是中国的特产,我才是特别地喜欢,是因为你美,你真,你善。

你的株干是多么的端直,你的枝条是多么的蓬勃,你那折扇形的叶片是多么的青翠,多么的莹洁,多么的精巧呀!

在暑天你为多少的庙宇戴上了巍峨的云冠,你也为多少的劳苦人撑出了清凉的华盖。

梧桐虽有你的端直而没有你的坚牢;

白杨虽有你的葱茏而没有你的庄重。

熏风会妩媚你,群鸟时来为你欢歌;上帝百神——假如是有上帝百神,我相信每当皓月留空,他们会在你脚下来聚会。

秋天到来,蝴蝶已经死了的时候,你的碧叶要翻成金黄,而且又会飞出满园的蝴蝶。

你不是一位巧妙的魔术师吗？但你丝毫也没有令人掩鼻的那种的江湖气息。

当你那解脱了一切，你那槎枒的枝干挺撑在太空中的时候，你对于寒风霜雪毫不避易。

你没有丝毫阿谀取容的姿态，但你也并不荒伧；你的美德像音乐一样洋溢八荒，但你也并不骄傲；你的名讳似乎就是"超然"，你超乎一切的草木之上，你超乎一切之上，但你并不隐遁。

你的果实不是可以滋养人，你的木质不是坚实的器材，就是你的落叶不也是绝好的引火的燃料吗？

可是我真有点儿奇怪了：奇怪的是中国人似乎大家都忘记了你，而且忘记得很久远，似乎是从古以来。

我在中国的经典中找不出你的名字，我很少看到中国的诗人咏赞你的诗，也很少看到中国的画家描写你的画。

这究竟是怎么一回事呀？你是随中国文化以俱来的亘古的证人，你不也是以为奇怪吗？

银杏，中国人是忘记了你呀，大家虽然都在吃你的白果，都喜欢吃你的白果，但的确是忘记了你呀。

世间上也尽有不辨菽麦的人，但把你忘记得这样普遍，这样久远的例子，从来也不曾有过。

<u>真的啦，陪都不是首善之区吗？但我就很少看见你的影子；为什么遍街都是洋槐，满园都是幽加里树呢？</u>

我是怎样地思念你呀，银杏！我可希望你不要把中国忘记吧。

这事情是有点危险的，我怕你一不高兴，会从中国的地面上隐遁下去。

在中国的领空中会永远听不着你赞美生命的欢歌。

一九四二年写于陪都重庆

（有删改）

> 学法指引

　　《银杏》是我国著名文学家、史学家、社会活动家郭沫若的一篇散文,此文写于1942年,中国正处于内忧外患的艰难时期。日本加速侵华进程,而国民党继续实行法西斯专政,扼杀抗日进步力量,破坏民主和团结。由郭沫若主持的政治部第三厅,也遭到了国民党反动派的无理解散,但郭沫若没有屈服,仍坚持进行斗争。在此情形之下,郭沫若写下此文,借银杏抒发了对坚贞不屈的革命战士的赞美,对卑躬屈膝的国家败类的憎恶,情词真切,格调昂扬,是难得的佳作。

　　此文细腻地刻画了银杏的形象,热情地歌颂了银杏的品格。因此在阅读这篇散文的时候,我们同样可以重点关注本文中的形象塑造法。

1.托物言志

　　《银杏》托物寄情、咏物寓志,寄寓了作者对伟大的中华民族和英雄的中国人民品质的热情赞颂。郭沫若笔下的银杏是中国特有的树,是东方圣者、生命纪念塔,历史悠久,自然奇珍,如中国文化源远流长,是人类的明珠;真诚、善良、挺拔、坚韧如坚强不屈的中国人。这种有品格的树是中国的象征,也是中国人的代表。

2.对比手法

　　《银杏》一文对比手法鲜明突出。它历史悠久却无人铭记,一点点在人们的记忆与思想中消逝;它蓬勃端直、庄重洒脱,是中国人应有的正直不屈的品格,却逐渐隐遁、消亡。而"遍街的洋槐""满园的幽加里树",那些盲目追随洋人,崇拜日本,做了汉奸走狗的人却出现在首善之区,多么讽刺。"大家虽然都在吃你的白果,都喜欢吃你的白果,但的确是忘记了你呀"的那些中国人,那些受过中国的哺育与滋养,却忘记了自己是炎黄子孙的人与银杏的正直与坚守形成鲜明的对比。

3.衬托手法

　　这篇散文运用衬托的手法渲染情境,于独特情境之中衬托银杏鲜明的形象。例如作者写熏风的吹拂,群鸟的欢歌,"皓月流空"之夜的聚会,既渲染了和谐喜乐的氛围,又衬托了银杏的高风亮节。在百卉凋残的秋天,"蝴蝶已经死了",银杏的叶子也不免枯落。但它却并不消沉,而是借助秋风,将碧叶"翻成金黄""飞出满园的蝴蝶",给肃杀的秋天留下一种诗意的情趣。"秋风""蝴蝶"渲染环境,枯叶化蝶巧用比喻,更突显了银杏的洒脱灵动,它给大自然的画幅描绘了艺术的真实。这里又从幻化的景象反衬出了银杏的"美"和

"真"。

1.下列对原文内容和艺术手法的分析,不正确的一项是(　　)

A.本文巧用第二人称,将银杏拟人化,便于拉近距离,抒发情感。

B.本文托物寄情,咏物寓志,情词真切,格调昂扬,可与茅盾的《白杨礼赞》媲美,寄寓了作者对伟大的中华民族和英雄的中国人民的热情赞颂。

C.银杏是中国的特产,而且存活的年代非常久远,但是在中国的经典中却找不到它的名字,也没有人为它作诗描画。

D."你的果实不是可以滋养人,你的木质不是坚实的器材,就是你的落叶不也是绝好的引火燃料吗?"这是用反诘的句子赞扬银杏的"真"和"善"。

2.说说文中画线句子的含意。

3.本文运用多种手法描写银杏,请举例简析。

(二)独闯天涯

阅读下面的文字,完成后面的练习。

榕树的美髯

秦牧

如果你要我投票选举几种南方树木的代表,第一票,我将投给榕树。

木棉、石栗、椰树、棕榈、凤凰树……这些树木,自然都洋溢着亚热带的情调,并且各自具有独特的风格。但是在和南方居民生活关系密切这一点来说,谁也比不上榕树。一株株古老的、盘根错节、丫杈上垂着一簇簇老人胡须似的"气根"的榕树,遍布在一座座村落周围,它们和那水波激滟的池塘,闪闪发光的晒谷场,精巧雅致的豆棚瓜架,长着两个大角的笨拙的黑水牛,一同构成了南方典型的农村风光。无论你到广东的任何地方去,你都处可以看到榕树。在广州,中央公园里面,旧书店密集的文德路两旁,市郊三元里的大庙门口,或者什么名山的山道,都随处有它们的踪迹。在巨大的榕树的树荫下开大会、听报告、学文化、乘凉、抽烟、喝茶、聊天、午睡、下棋,几乎是任何南方人生活中必曾有过的一课了。

有一些树木,由于具有独特的状貌和性质,我们很容易产生联想,把它们人格化。松树使人想起志士,芭蕉使人想起美人,修竹使人想起隐者,槐树之类的大树使人想起将军。而这些老榕树呢,它们使人想起智慧、慈祥、稳重而又饱经沧桑的老人。它们那一把把在和风中安详地飘拂的气根,很使人想起小说里"美髯公"之类的人物诨号。别小看这种树的"胡子",它使榕树成为地球上"树木家族"中的巨无霸。动物中的大块头,是象和鲸;植物中的大块头又是谁呢?是槐树、桉树、栗树、红松之类吗?对!这些都是植物界中的长人或者胖子。但是如果以一株树的母本连同它的一切附属物的重量来计算,世界上没有任何一种树能够压倒这种古怪的常绿乔木。榕树那一把一把的气根,一接触到地面就又会变成一株株的树干,母树连同子树,蔓衍不休,独木可以成林。人们传说一棵榕树可以有十亩宽广的树荫。这个估计,其实还可能是比较保守的。我看到一个材料,据说在孟加拉国有一个著名的榕树独木林。它生有八百根垂下的钻入泥土的树根,每一根都发展成为树干,它的阴影面积竟超过了一公顷(十五亩)。广东的新会县有一个著名的"鸟的天堂",江中洲渚上的林子里住满鹭鸶和鹳,晨昏时形成了百鸟绕林的美景。那一个江心洲渚中的小树林,也是由一株榕树繁衍而成的。在那里,已经分不出哪一株树是原来的母本了。

　　有些植物,羞涩地把它们的茎也生到地下去。但是,榕树不仅让它的根深入地下,也让它们突现在地面;不仅突现在地面,还让它的根悬挂在空中;甚至盘缠贴附在树身上,使这些错综纠缠和变化万千的树根形成了老榕的古怪的衣裳。再没有一种植物,把"根"的作用显示于人类之前,像榕树这样的大胆和爽快的了。

　　在名山胜地的悬崖峭壁上,我甚至看过一些榕树,不需要多少泥土,也能够成长。一粒榕树种子落在峭壁上,依靠石头隙里一点点儿的泥土,好家伙!它成长起来了。它的根不能钻进坚硬的石头,就攀附在石壁上成长,在这种场合,这些根简直像一条条钢筋似的,它们发挥了奇特的作用,把石壁上的一点一滴的营养,都兼收并蓄,输送到树身去了。因此,你在石壁上看到有一株扭曲了的榕树在泰然地成长,一点儿也用不着惊奇。这样重视它的根的树木,在适宜的气候之中,还有什么地方不能生长的呢!

　　我从来没有看过一株榕树是自然枯死的。如果不是由于雷殛,不是由于斩伐,它似乎可以千年百代地活下去。正因为榕树具有这样神奇的生命力,在旧时代,一株老榕身上常常被人贴满了祈福禳祸的红纸,甚至在树根处给人插上了香烛,有好些迷信的老妇还在向它们焚香膜拜。

(有删改)

1.下列对文本相关内容和艺术特色的分析不正确的一项是(　　)

A.文章开门见山,由"如果你要我投票选举几种南方树木的代表,第一票,我将投给榕树",自然引出下文。

B.文章运用举例论证的方法,举了孟加拉国榕树独木林和广东"鸟的天堂"的例子,强有力地证明了榕树是"树木家族"中的巨无霸的观点。

C.正因为对根的重视,所以榕树的生命力极其顽强,只要把它扔在泥土里,就能茁壮成长。

D.这篇散文,语言上平淡朴实,娓娓道来,以述家常一般的口吻,突出地表现了榕树的智者形象。

2.结合全文,简要分析作者为什么把第一票投给榕树。

3.本文抒发了作者怎样的感慨?给你什么启示?

名师点拨

阅读本文的时候,应重点关注本文的描写对象,即"榕树的美髯",而这个"美髯"指的就是"它们那一把把在和风中安详地飘拂的气根",所以这篇文章所描写的对象就是榕树的根。文章第一段便直言其事"如果你要我投票选举几种南方树木的代表,第一票,我将投给榕树",以此自然地过渡到下文。作者列举了南方几种常见的树木与榕树形成对比,突出榕树与南方居民的密切关系。而第三段由榕树所具有的独特外貌和性质,使它人格化,让人"想起智慧、慈祥、稳重而又饱经沧桑的老人"。"它们那一把把在和风中安详地飘拂的气根,很使人想起小说里'美髯公'之类的人物诨号"这里就开始呼应标题,突出重点。作者把第一票投给榕树,不仅是因为它最常见,更是因为它所特有的精神内涵。它是树木中的巨无霸,是植物中的大块头,以孟加拉国的榕树独木林、广州的"鸟的天堂"有力地证明了这个观点。榕树的繁茂,源于它的根,它既把根深入地下,也把根显示人前,大胆而爽快。榕树是顽强的,"在名山胜地的悬崖峭壁上,我甚至看过一些榕树,不需要多少泥土,也能够成长",在此恶劣的环境中,榕树的根发挥了至关重要的作用,因此作者有所感慨"这样重视它的根的树木,在适宜的气候之中,还有什么地方不能生长的呢"。

所以,榕树的茂盛、榕树顽强的生命力都是因为对根的无比重视,由此自然地突显了文章的主题——对榕树根的赞美。我们还可以更深一层地探寻这"根"的内涵,这"根"是榕树养料的输送之根,是植物生长之根,更是人的生命之根。不仅仅是榕树的成长需要有根,人也一样,即使寓居海外,即使漂泊他乡,中国也是永远的根,表达了作者对故土的深切思念。

(三)剑指高考

阅读《银杏》,完成后面的练习。

1.下列对文本相关内容和艺术特色的分析,不正确的一项是( )

A.文章说"日本也有银杏",它是日本的"华侨",如中国文化侨居已久,点明中国文化对日本的久远影响,这更有振奋民族精神的寓意。

B.文章述说银杏被人忽视以至被人忘记的厄运似乎是自古已然,但作家的真正用意却是讽喻身在"陪都"重庆的那些"不辨菽麦的人",他们数典忘祖,置国家民族命运于不顾,早已丧失了民族精神。

C.本文表面上赞颂的是银杏,实际上是隐喻我们这个古老的、坚韧不拔、万劫不泯的民族的精神,饱含对抗战胜利的热切期盼。

D.文中用梧桐和白杨与银杏做对比,是为了突出银杏比白杨和梧桐更值得栽种。

2.文中的银杏树具有什么特征?概述并指出银杏的象征意义。

3.本文在语言运用上有何特点?

第二章

写人记事类散文学法点拨

本章为写人记事类散文。这类散文或写真人真事，不虚构不夸饰，语言朴实，感情真切；或完整与零散叙事相结合，自由灵活，突显"散"之特点。"人离事不活，事离人不转"，以写人为主和以记事为主的散文，都有时间、地点、人物、事件等要素。这类散文主要从一个角度选材，通过塑造人物形象、叙述事件发展变化来表达作者的思想感情，反映生活本质。

第一节

《纪念刘和珍君》及此类文章的学法点拨

一 文本解要

（一）文本指要

《纪念刘和珍君》选入人民教育出版社（2019年版）《普通高中教科书·语文选择性必修（中册）》第二单元第一课。此文是经典的怀人散文，主要叙写人物的行与事，生动再现人物形象，表达对人物的缅怀之情。大家在阅读时，要抓住描写刘和珍言和行的文段，感知人物的形象特点，探究作者的情感内涵和作品的思想意义。

（二）素养导航

1.语言建构与运用

该文语言上最大的特点是，在平实叙述中融入深刻的议论和强烈的抒情。读这些文字，能感受到鲁迅先生的爱与憎、忧与痛，如暗流汹涌激荡于字里行间。平实的叙述，使作品在语境上有一种真实感，即使是描写刘和珍等青年女学生惨烈的牺牲过程，鲁迅先生依旧以平铺直叙的方式在讲述，将情感悄无痕迹地蕴藉于平淡质朴的笔墨间。平实叙述中，夹杂着大量强烈的抒情、深刻的议论，如鲁迅怒斥反动派："中外的杀人者却居然昂起头来，不知道个个脸上有着血污……"这样的议论和抒情是感性（情感）与理性（哲理）交融的产物。"三一八"惨案对鲁迅造成巨大的精神冲击，他将自己的愤怒与悲痛化为文字，将自己的思考和情感融入文中，让人们看到一个真正思想者的苦痛与挣扎。这样的例子很多,如"真的猛士,敢于直面惨淡的人生,敢于正视淋漓的鲜血""沉默呵,沉默呵!不在沉默中爆发,就在沉默中灭亡""苟活者在淡红的血色中,会依稀看见微茫的希望;真的猛士,将更奋然而前行"等等,这些语言无不焕发出情感与哲理的睿智。叙述、议论、抒情的语言在文中虽各有侧重,但基本是三者交融于一体,这样别具一格的语言艺术贯穿全文,使文章的情感既有熔岩般的喷发,又有冷气的输入,情感的热流和冷流汇聚,给读者带来心灵的震撼。

平实记叙也可为抒情和议论作基础;在平实记叙基础上的抒情更显真切,更易打动读者;以事实作依据的议论,彰显作者对事情的思考和判断,把文章意蕴上升到新的高度。

2.思维的发展与提升

本文中,鲁迅先生先后七次写到"我早觉得有写一点东西的必要了""可是我实在无话可说"之类的话语,前后矛盾,这种"欲言又止,止而复吐"的情感表达方式,是理解该文的一大难点。阅读时,我们可联系文章主题和这类语句的语境,理解作品深层意蕴,提升思维能力,发展思维水平。

这七次话语,第一次是先生为了悼念刘和珍君而想说,第二次是面对青年学生的惨死让他悲痛之极说不出话,第三次是"几个文人的阴险论调"使他不能不提笔讨伐。第四次是为了警醒世人不要忘记烈士牺牲有话要说。第五次是惨象和流言使他愤怒到极点说不出话。第六次是郁结在胸的悲愤抑制不住要抒发。第七次再次强调悲愤使他无话可说,仅以此纪念刘和珍君。鲁迅先生在"无话可说"和"有话要说"两种状态中纠结徘徊,表面上看似在迟疑不决,实则是先生想为牺牲的学生写点儿什么和对国家沦陷、政府腐朽的绝望、愤怒之情相互拉锯着的具体表现。

3.审美鉴赏与创造

披文入情,以形象的再现来进入情感的海洋,达到审美的目的。阅读时,找出零星的、散落在文章各部分对刘和珍的描写,让刘和珍的形象在心中鲜活起来。文中鲁迅先生抓住与刘和珍交往中感受最深、最能表现其为人的生活细节,在平实的记叙、朴素的写真中,描绘出一幅个性鲜明、形象逼真的刘和珍的画像,以形象的实感敲击读者的灵魂。如"生前爱看鲁迅的文章""毅然预定了全年的《莽原》""成为学生自治会职员""常常微笑着,态度很温和""虑及母校前途,黯然至于泣下""欣然前往"参加请愿运动,中弹牺牲。从这些事例中我们看到一个渴求革命真理、富有斗争精神、温和、善良、有思想、有远见、富有责任感的刘和珍,传递出的那种乐观向上、坚毅勇敢的品格,殒身不恤的勇气,忧国忧民的情怀均能使学生感受到一种崇高的美、悲壮的美,从而得到情感的陶冶、心灵的净化。

散文的审美,主要靠形象和情感,所以要先学会捕捉形象,形成审美的形象性,拨开含蓄的语言文字的表层意思,扎入自我情感的海洋,让形象性与情感性相互交融,形成一种结构美,从而神清气爽地登上精神的殿堂,鉴赏形象之美、情感之美。

4.文化传承与理解

忧国忧民一直是中国知识分子的优良传统,有在"朱门酒肉臭,路有冻死骨"的现实中,忘了自身的饥寒,却祈求"安得广厦千万间,大庇天下寒士俱欢颜"的杜甫,有身处礼崩乐坏、天下无道的战国,忘了自身荣辱,却"长太息以掩涕兮,哀民生之多艰"的屈原……有在中华民族面临生死存亡时期,怀着改造社会、改造国民性的热望想拿起文字武器的鲁迅。从屈原、杜甫到鲁迅,他们的诗文无不体现知识分子身上那种自觉的社会责任感,痛切的忧患意识和强烈的变革社会的信念。

综观此文,一股渗透在字里行间的责任感、家国情是那么浓烈地扑面而来,先生用文化良知,悲愤、沉痛而又艺术地控诉斥责反动当局,表达自己对社会黑暗现实的痛心疾首,对反动派的无情揭露和猛烈抨击,对刘和珍等死难学生的由衷钦佩和沉痛悼念,并向社会发出"醒来"的呐喊和呼唤!

二 预习路径

阅读刘和珍的生平事迹,感知人物形象,品读关于刘和珍的相关文章,体会作者的思想感情,故宜采用以下两种方法学习各段内容和行文思路,探究文本主题和作者情怀。

三 学法指津

本文突出的特点是其独特的文章结构和犀利的语言,故宜采用以下两种方法学习。

(一)结构分析法

鲁迅撰写本文主要是在表达自己自惨案发生后两周内自己的情感和思想,评述社会各方对"三一八"惨案尤其是刘和珍等人的言论和态度,揭露段祺瑞政府残酷镇压学生的罪行,批判了"几个所谓学者文人"的阴险论调,表达对逝去学生的崇敬之情,总结惨案的意义,激励包括"真的猛士""苟活者""庸人"在内的所有后人来纪念"三一八"惨案和刘和珍君。

全文七个部分形成了一个有机联系的整体。第一、二部分是纪念刘和珍的缘由,第

三、四部分是记叙刘和珍的行状。第五部分记叙刘和珍遇害的经过。第六、七部分探究这一次请愿运动对将来的意义。从这个思路和框架可以看到：文章起点是写作本文的缘起，然后讲述刘和珍生平事迹和遇难经过，再总结"三一八"惨案的教训，指出这一惨案对将来的意义。

(二)语言品味法

文中的抒情、议论部分，鲁迅运用了比喻、反语、对比、反衬等修辞手法来增强语言的表现力，使情感更充沛，批判更深刻、犀利。

"人类的血战前行的历史，正如煤的形成，当时用大量的木材，结果却只是一小块，但请愿是不在其中的，更何况是徒手。"鲁迅用一个浅近的比喻，从大量木材得到小块煤，说明大量牺牲只能推动社会历史前进一小步，"徒手"更不能推动进步，不赞成徒手请愿。这个比喻能把深奥的道理变得浅显易懂，具有很强的说服力。

"中国军人的屠戮妇婴的伟绩，八国联军的惩创学生的武功，不幸全被这几缕血痕抹杀了。""伟绩""武功"是反语，反话正说，有力地批判了中外反动派"屠戮妇婴""惩创学生"的罪恶行径。

"真的猛士，敢于直面惨淡的人生，敢于正视淋漓的鲜血。这是怎样的哀痛者和幸福者？然而造化又常常为庸人设计，以时间的流驶，来洗涤旧迹，仅使留下淡红的血色和微漠的悲哀。"作者拿"庸人"与"猛士"进行了对比。"庸人"对"淋漓的鲜血"，虽有哀痛和不满，却不能"直面"和"正视"。因此，随着时间的流驶，庸人们早已忘却哀痛，继续维持着"这似人非人的世界"。"真的猛士"却能直面黑暗的现实，不怕流血牺牲，勇敢地站起来反抗，企图打破这黑暗的铁笼子，赢得民族的自由和解放。

四 拓展致用

课后阅读周作人的《关于三月十八日的死者》、石评梅的《痛哭和珍》、余杰的《民国以来最黑暗的一天——"三一八"惨案七十二周年祭》等作品，从写作心境、观察问题立足点、语言风格等方面与鲁迅的《纪念刘和珍君》一文进行比较。

（一）牛刀小试

阅读下面的文章,完成后面的练习。

忆韦素园君(节选)

鲁迅

我也还有记忆的,但是,零落得很。我自己觉得我的记忆好像被刀刮过了的鱼鳞,有些还留在身体上,有些是掉在水里了,将水一搅,有几片还会翻腾,闪烁,然而中间混着血丝,连我自己也怕得因此污了赏鉴家的眼目。

怕是十多年之前了罢,我在北京大学做讲师。有一天,在教师豫备室里遇见了一个头发和胡子统统长得要命的青年,这就是李霁野。我的认识素园,大约就是霁野介绍的罢,然而我忘记了那时的情景。现在留在记忆里的,是他已经坐在客店的一间小房子里计画出版了。

这一间小房子,就是未名社。

未名社的同人,实在并没有什么雄心和大志,但是,愿意切切实实的,点点滴滴的做下去的意志,却是大家一致的。而其中的骨干就是素园。

于是他坐在一间破小屋子,就是未名社里办事了,不过小半好像也因为他生着病,不能上学校去读书,因此便天然的轮着他守寨。

我最初的记忆是在这破寨里看见了素园,一个瘦小、精明、正经的青年,窗前的几排破旧外国书,在证明他穷着也还是钉住着文学。然而,我同时又有了一种坏印象,觉得和他是很难交往的,因为他笑影少。"笑影少"原是未名社同人的一种特色,不过素园显得最分明,一下子就能够令人感得。但到后来,我知道我的判断是错误了,和他也并不难于交往。他的不很笑,大约是因为年龄的不同,对我的一种特别态度罢,可惜我不能化为青年,使大家忘掉彼我,得到确证了。这真相,我想,霁野他们是知道的。

但待到我明白了我的误解之后,却同时又发现了一个他的致命伤:他太认真;虽然似乎沉静,然而他激烈。认真会是人的致命伤的么?至少,在那时以至现在,可以是的。一认真,便容易趋于激烈,发扬则送掉自己的命,沉静着,又啮碎了自己的心。

我到广州，是第二年——一九二七年的秋初，仍旧陆续的接到他几封信，是在西山病院里，伏在枕头上写就的，因为医生不允许他起坐。他措辞更明显，思想也更清楚，更广大了，但也更使我担心他的病。有一天，我忽然接到一本书，是布面装订的素园翻译的《外套》。我一看明白，就打了一个寒噤：这明明是他送给我的一个纪念品，莫非他已经自觉了生命的期限了么？

我不忍再翻阅这一本书，然而我没有法。

我因此记起，素园的一个好朋友也咯过血，一天竟对着素园咯起来，他慌张失措，用了爱和忧急的声音命令道："你不许再吐了！"我那时却记起了伊孛生的《勃兰特》。他不是命令过去的人，从新起来，却并无这神力，只将自己埋在崩雪下面的么？……

我在空中看见了勃兰特和素园，但是我没有话。

一九二九年五月末，我最以为侥幸的是自己到西山病院去，和素园谈了天。他为了日光浴，皮肤被晒得很黑了，精神却并不萎顿。我们和几个朋友都很高兴。但我在高兴中，又时时夹着悲哀：忽而想到他的爱人，已由他同意之后，和别人订了婚；忽而想到他竟连介绍外国文学给中国的一点志愿，也怕难于达到；忽而想到他在这里静卧着，不知道他自以为是在等候全愈，还是等候灭亡；忽而想到他为什么要寄给我一本精装的《外套》……

一九三二年八月一日晨五时半，素园终于病殁在北平同仁医院里了，一切计画，一切希望，也同归于尽。我所抱憾的是因为避祸，烧去了他的信札，我只能将一本《外套》当作唯一的记念，永远放在自己的身边。

自素园病殁之后，转眼已是两年了，这其间，对于他，文坛上并没有人开口。这也不能算是希罕的，他既非天才，也非豪杰，活的时候，既不过在默默中生存，死了之后，当然也只好在默默中泯没。但对于我们，却是值得记念的青年，因为他在默默中支持了未名社。

未名社现在是几乎消灭了，那存在期，也并不长久。然而自素园经营以来，介绍了果戈理，陀思妥也夫斯基，安特列夫，介绍了望·蔼覃，绍介了爱伦堡的《烟袋》和拉夫列涅夫的《四十一》。还印行了《未名新集》，其中有丛芜的《君山》，静农的《地之子》和《建塔者》，我的《朝华夕拾》，在那时候，也都还算是相当可看的作品。是的，但素园却并非天才，也非豪杰，当然更不是高楼的尖顶，或名园的美花,然而他是楼下的一块石材,园中的一撮泥土,在中国第一要他多。他不入于观赏者的眼中,只有建筑者和栽植者,决不会将他置之度外。

我不知道以后是否还有记念的时候,倘止于这一次,那么,素园,从此别了!

学法指引

《忆韦素园君》是一篇怀人散文,是鲁迅为悼念小他20岁的韦素园而写作的,通过记叙自己与韦素园相识到永别的过程,展现了韦素园认真而激烈的个性以及对朋友的关怀与友爱,并肯定他"在默默中支持了未名社"的努力与功绩,从而赞美韦素园宁愿作为无名的基石,无名的泥土,"切切实实的,点点滴滴的做下去"的实干精神。在回忆素园的点点滴滴中,那种痛惜、遗憾、真诚的赞美之情溢满了字里行间。同时,通过对韦素园人格的认同和赞美,鲁迅也嘲讽、批评了社会上其他一些做事轻浮、虚张声势的人。韦素园成了这类人的映照,从而表达了鲁迅对他们的不满和批评。

怀人散文与小说塑造人物形象的方法不同。小说中的人物、情节有作家虚构的成分。散文中的人物形象是为表达散文主旨服务的,即作者塑造人物形象的目的是表达某种思想感情,人物本身往往是真实的。高考对散文人物形象的考查有两种形式:一是概括、分析人物形象的特点,二是赏析人物形象的作用。

这篇散文在人物刻画方面显示出了高超的艺术技巧,从初写韦素园的外貌、给人的表面印象到深入这一人物的内心,从讲述韦素园对未名社的努力支持,到未名社最终取得的成果和影响,鲁迅由表及里地将韦素园的性格特点一一呈现出来。如何感知本文韦素园形象,我们可以从以下几个方面入手分析:

1.认真分析作者对人物外貌、语言、行动、心理、细节等的描写,发掘人物性格特征和精神风貌。如第四段外貌描写"瘦小、精明、正经""笑影少"勾勒出一个文学青年形象;安于"守寨",虽然穷韦素园是一个"瘦小、精明、正经"的进步的文学青年。他性格认真而激烈,关爱别人胜过关心自己,朋友病了惊慌失措,同意爱人和别人订婚。贫困但仍"钉住着文学",从一"钉"字可见素园在文学事业上所花的心血。在那样艰难的岁月,又是那样一份很受冷落的刊物,他却愿意默默支持、经营未名社。即使生病也不放弃翻译,看得出他有一种踏实苦干的精神;送"我"书,让爱人另择他人,好朋友咯血他慌张失措,看出他待人的真诚、善良,关爱别人胜过关心自己。

2.从对比中剖析人物性格形成的原因。文中有些地方运用对比的手法来塑造人物形象,我们要思考为何这样对比。文章将韦素园的坚持与未名社中有的人在光景艰难时却起来捣乱的行为进行对比,将韦素园自己患病与对待朋友咯血的不同态度的进行对比,在对比中,这一人物的性格便愈加鲜明。

3.结合时代背景和作者对人物的褒贬态度可以帮助我们完成对人物形象的分析、概括。文章中有关韦素园的文字,基本上以未名社的活动为背景,鲁迅在肯定未名社的立场上肯定韦素园对未名社所起的作用,自始至终将韦素园放在未名社的工作中加以考察,也就是在整个新文学背景中来评价韦素园这一文学青年,而不是以个人的好恶论功过,也不是就人论人,孤立地褒扬一个人,这就使这一人物回忆篇章有了更丰富的意蕴。文章的最后鲁迅把韦素园比喻为"楼下的一块石材""园中的一撮泥土",赞扬了他踏实干事的精神,希望中国有更多的像韦素园这样的人。这样的人虽不入华而不实的观赏者的眼,却实在是建设中国和栽植民族精神大树的优秀的材料,因此鲁迅说"在中国第一要他多",这句话,言简意丰,言深旨远,既有对韦素园的爱重与怀念,又隐含着浓浓的期冀。

1.下列对文本相关内容和艺术特色的分析鉴赏,不正确的一项是(　　)

A.作者把记忆比作"被刀刮过了的鱼鳞",比喻新奇而贴切,写出了回忆留给人无限的悲哀、凄凉、沉痛,生动形象,具体可感。

B.作者用了对比手法,将韦素园的始终如一的坚持与未名社中有的人在光景艰难时却起来捣乱的行为进行对比,将韦素园自己患病与对待朋友咯血的不同态度进行对比,在对比中,这一人物的性格便愈加鲜明动人。

C.文章一开头,说他怕他的记忆会"污了赏鉴家的眼目",与文末他说观赏者注目于楼尖和名花者,而建筑者和栽植者必倾心于"泥土"的观点相呼应。

D.运用排比句式,连用四个"忽而"描写作者一连串的心理活动,直接抒发了鲁迅对韦素园处境和命运的关切与忧虑之情。

2.作者写韦素园,为何要与未名社的命运联系起来?作者的匠心何在?

3.你读出鲁迅先生对韦素园君的哪些情感?

(二)独闯天涯

阅读下面的文章,回答后面的问题。

母亲的金手表

琦君

那只圆圆的金手表,以今天的眼光看起来是非常笨拙的,可是那个时候,它是我们全村最漂亮的手表。左邻右舍、亲戚朋友到我家来,听说父亲给母亲带回一只金手表,都要看一下开开眼界。每逢此时,母亲会把一双油腻的手,用稻草灰泡出来的碱水洗得干干净净,才上楼去从枕头下郑重其事地捧出那只长长的丝绒盒子,轻轻地放在桌面上,打开来给大家看。然后,她眯起眼来看半天,笑嘻嘻地说:"也不晓得现在是几点钟了。"我就说:"你不上发条,早都停了。"母亲说:"停了就停了,我哪有时间看手表。看看太阳晒到哪里,听听鸡叫,就晓得时辰了。"我真想说:"妈妈不戴就给我戴吧。"

但我不敢说,我知道母亲绝对舍不得的。我只有趁母亲在厨房里忙碌的时候,才偷偷地去取出来戴一下,在镜子前左照右照一阵又取下来,小心放好。我也并不管它的长短针指在哪一时哪一刻。跟母亲一样,金手表对我来说,不是报时,而是全家紧紧扣在一起的一份保证、一种象征。我虽幼小,却完全懂得母亲珍爱金手表的心意。

后来我长大了,要去上海读书。临行前夕,母亲泪眼婆娑地要把这只金手表给我戴上,说读书赶上课要有一只好的手表。我坚持不肯戴,说:"上海有的是既漂亮又便宜的手表,我可以省吃俭用买一只。这只手表是父亲留给您的最宝贵的纪念品啊。"那时父亲已经去世一年了。

我也是流着眼泪婉谢母亲这份好意的。到上海后不久,我就在同学介绍的熟悉的表店,买了一只价廉物美的不锈钢手表。每回深夜伏在小桌上写信给母亲时,我都会看看手表写下时刻。我写道:"妈妈,现在是深夜一时,您睡得好吗?枕头底下的金手表,您要时常上发条,不然的话,停止摆动太久,它会生锈的哟。"母亲的来信总是叔叔代写的,从不提手表的事。我知道她只是把它默默地藏在心中,不愿意对任何人说。

大学四年中，我也知道母亲的身体不太好，可她竟然得了不治之症，这我一点都不知道。她生怕我读书分心，叫叔叔瞒着我。我大学毕业留校工作，第一个月的薪水一领到就买了一只手表，要把它送给母亲。它也是金色的，不过比父亲送的那只老表要新式多了。

那时正值抗日，海上封锁，水路不通。我于天寒地冻的严冬，千辛万苦从旱路赶了半个多月才回到家中，只为拜见母亲，把礼物献上，却没想到她老人家早已在两个月前就去世了。

这份锥心的忏悔，实在是百身莫赎。我是不该在兵荒马乱中离开衰病的母亲远去上海念书的。她挂念我，却不愿我知道她的病情。

我含泪整理母亲的遗物，发现那只她最珍爱的金手表无恙地躺在丝绒盒中，放在床边的抽屉里。

没有了母亲以后的那一段日子，我恍恍惚惚的，任凭宝贵光阴悠悠逝去。有一天，我忽然省悟：徒悲无益，这绝不是母亲隐瞒自己的病情、让我专心完成学业的深意，我必须振作起来，稳步向前走。

于是我抹去眼泪，取出金手表，上紧发条，拨准指针，把它贴在耳边，仔细听它柔和而有韵律的滴答之音，仿佛慈母在对我频频叮咛，我的心也渐渐平静下来。

(有删改)

1.下列对文本相关内容和艺术特色的分析鉴赏，不正确的一项是（　　）

A.本文语言绵密醇厚、雅致端丽，作者围绕金手表娓娓讲述了自己与母亲的故事，情感真实而动人。

B.第九段对第七、八段写"我"的忧伤作了补充说明，为下文写"我"抹去眼泪，从金手表的滴答之音听出慈母的频频叮咛，心渐渐平静下来作了铺垫。

C."洗得干干净净""郑重其事地捧出""轻轻地放""打开来"等动作，形象细致地写出了母亲拿出金手表时的小心谨慎，表现了母亲对金手表的珍爱。

D.最后一段中的"贴"是"靠近，紧挨"的意思，作者为了仔细听金手表的柔和而有韵律的滴答之音，把它"贴"在耳边。表现了作者已经理解了母亲隐瞒自己的病情、让自己专心完成学业的深意，准备尽快振作起来的决心，以及对母亲的深切怀念。

2.全文用第一人称"我"有什么好处？

3.母亲的金手表在文中有何作用？

名师点拨

此文选自台湾著名作家琦君回忆童年、故乡与域外生活的散文集《母亲的金手表》，以"金手表"为线索描写了自己与母亲相处的点滴，抒发了作者对母亲的怀念之情。

散文第一人称、第二人称、第三人称在组织材料和表情达意上各有优势，第一人称：叙述亲切自然，能自由地表达思想感情，便于直抒胸臆，读起来有一种亲切感和真实感；第二人称：便于感情交流，抒情自由灵活，亲切自然；如果是物，还有拟人化效果。第三人称：能比较直接地展现丰富多彩的生活，不受时间和空间限制，能从更多方面灵活自由地叙述。本文以第一人称为叙述角度，写的都是"我"眼中事、心中事，可充分展现"我"的内心世界，表达"我"对母亲的爱、牵挂和愧疚，更具真实感。阅读时，好像不仅作者就是"我"，连读者也变成了小说中的"我"，读来有种亲切感和真实感。

散文中物象的作用主要从三个方面考虑，一是结构上，主要起到勾连上下文的线索的作用，能把材料组织贯穿起来，使文章紧凑；衬托作用；呼应作用。二是内容上，是联想的触发点，对内容起充实、渲染作用。三是情感主旨上，是作者寄托情感的载体，象征某种含义，起到点明或深化文章主旨的作用。本文母亲的金手表的作用是：它是作者抒情的载体。金手表为抒发的感情找到了一个很巧妙的切点，它承载了母亲与父亲之间，"我"与母亲之间浓浓的亲情，是全文的线索。以金手表贯穿全文，使文章浑然一体，结构完整严谨。文章中父亲送母亲金手表；"我"去上海读书，婉谢母亲赠送的金手表；"我"牵挂母亲，信中嘱托母亲为手表上发条；"我"献上金手表，母亲却已去世。全文以金手表为线索，把"我"和母亲相处的点滴连缀成篇，思路清晰，结构完整。

（三）剑指高考

阅读《忆韦素园君》，回答后面的问题。

1. 下列对文本相关内容和艺术特色的分析鉴赏，不正确的一项是（　　）

A. 鲁迅以时间为线索，叙述了与韦素园交往的片段，表达了对韦素园的赞美与怀念之情。

B. 从"小房子""破小屋子""破寨"看出韦素园工作环境非常简陋，更能衬托出他工作的认真和踏实。

C. 本文运用了先抑后扬的手法展现人物形象，先写韦素园"很难交往""笑影少"，再写他踏实认真，生病坚持工作。

D. 鲁迅把韦素园比作"楼下的一块石材""园中的一撮泥土"，希望中国有更多像韦素园一样的人。

2. 如何理解"我在空中看见了勃兰特和素园，但是我没有话"这句话？

3. 简要分析鲁迅笔下韦素园的形象。

第二节

《记梁任公先生的一次演讲》及此类文章的学法点拨

一 文本解要

（一）文本指要

《记梁任公先生的一次演讲》是人教版的普通高中课程标准实验教科书(2004年)《语文(1)》(必修)第三单元"阅读鉴赏"的第三课。本文是作家梁实秋在听完梁启超先生的一次演讲后所作的文章。作者以演讲为线索,描绘梁任公先生的言行举止,音容笑貌,重点选择梁任公演讲过程中精彩的几处,来表现梁任公的性格特征和精神品质,并表达对先生的崇敬之情。同学们阅读本文时,要重点学习作者抓住人物特征和典型事例来表现人物思想品质的写法,品析文中含义深刻的语句,以及《箜篌引》《桃花扇》《闻官兵收河南河北》三则韵文,学习梁任公先生演讲语言的幽默且意味深长和梁实秋散文语言的简练而又严谨,感受梁任公先生的爱国主义思想。

（二）素养导航

1. 语言建构与运用

本文语言最大的特点是简练、传神,作者力求用极简的语言把梁任公的性情勾勒出来,不着颜色,不加烘托,给人以清晰深刻印象。文中无论是对梁任公演讲时外貌、语言、动作、神态的描写,还是对观众的描写,都极尽简洁之能事,却形神具备,寥寥数语,梁任公的真性情和爱国情怀便跃然纸上。

外貌描写:"步履稳健,风神潇洒,左右顾盼,光芒四射",四个短句,准确地刻画出人物形与神的特征。

语言描写:"启超没有什么学问""可是也有一点喽!"简单的两句开场白,真诚而独特的自我评价,尽显梁任公谦逊、自负、诙谐的大学者风范。

动作描写:"他走上讲台,打开他的讲稿,眼光向下面一扫……眼睛向上一翻,轻轻点一下头……""扫"字突出其平易近人,"翻"字写出其思考状,"点"写他对自己的肯定,"扫""翻""点"三字让这份诙谐幽默更显可爱灵动。

神态描写:"他真是手之舞之足之蹈之,有时掩面,有时顿足,有时狂笑,有时叹息……他掏出手巾拭泪……""掩面""顿足""狂笑""叹息"表明梁任公已完全把自己当作作品中的人物,简单的几个词语准确地描写出了梁任公潇洒、率真、不做作的学者真性情。又如"听他讲到他最喜爱的《桃花扇》,讲到'高皇帝,在九天,不管……'那一段,他悲从中来,竟痛哭流涕而不能自已"和"又听他讲杜氏讲到'剑外忽传收蓟北,初闻涕泪满衣裳……',先生又真是于涕泗交流之中张口大笑了。"梁任公之所以讲到《桃花扇》那段痛哭流涕不能自已,"哭"的不是崇祯,是崇祯让他想到了光绪帝,他"哭"的是自己曾经追随的皇帝,"哭"的是国家的衰亡。其次,左宗棠收复新疆,与杜甫《闻官军收河南河北》诗有着极为相似的背景,这一"笑"是何等的古道热肠。一"哭"一"笑"两个字,把梁任公拳拳赤子心、炽热爱国情展现得淋漓尽致!

"语少意丰,言近旨远。"梁启超认为写作须忍痛"割爱",要将那些不扼要的描写,不恰当的字词,大刀阔斧地加以削删。去除枝蔓之后,显得简单而有力量。我们写作中也应追求语言的简洁、扼要,以求用最少的文字表达最丰富的内容。

2. 思维发展与提升

《语文课程标准》明确指出,语文教育应促进学生思维能力的发展与思维品质的提升,引导学生学习思辨型阅读和表达,增强思维的逻辑性和深刻性。《记梁任公先生的一次演讲》的思维是严谨而又深刻的,这种严谨和深刻体现在梁实秋对演讲内容的选择性记叙上。

其实,梁任公先生在清华大学演讲中给学生分析韵文的例子也多,那为什么梁实秋唯独选择了《箜篌引》《桃花扇》《闻官兵收河南河北》三则韵文呢?此外,这三则韵文是否又与前面提到的梁任公"晚年不谈政治,专心学术"是违背的呢?需要读者细细思考,揣摩体悟其中的深义。首先,梁实秋选择这三则的目的是非常清楚的,"听过这讲演的人,除了当时所受的感动之外,不少人从此对于中国文学发生了强烈的爱好。先生尝自谓'笔锋常带情感',其实先生在言谈讲演之中所带的情感不知要更强烈多少倍!"毋庸置疑,为了更深层次地表现任公演讲中情不自禁流露出的强烈的爱国情感。但,这又完全不与前面的"晚年不谈政治,专心学术"相违背,这种爱国情感绝不是像有些政治家那样是在民众面前装出来的,它是在"晚年不谈政治,专心学术"的情境下自然而然流露出来的,其真实、可贵不言而喻。

3.审美鉴赏与创造

本文不仅语言形式简洁传神,还为我们传达出一种道德之美。作者没有旁征博引太多故事,而是把心中的情思干干净净直截了当地表现出来。

外貌描写,精微而不失传神;开场之白,简朴而不失厚重;讲演,率性自然而不失情深意切,这是本文语言形式的简洁和传神之美。而今天,当我们走近梁均默,走进《记梁任公先生的一次演讲》时,审美不能只停留在文本的形式美上,更应关注其内含的美学思想以及带给我们的美学思考。康德说过:"美是道德的象征。"在阅读本文时,梁任公已经为我们塑造了一种文人"苟利国家生死以,岂因祸福避趋之"的人格魅力美,那么物欲横流的今天,我们该如何安守心灵的家园?做一个德艺双馨的文化人?在作这些思考的时候我们已然在领悟文章所蕴含的美学意义了。

4.文化传承与理解

自古以来,"爱国"一直是无数志士身上永恒可贵的品质,也是文人书写的经典主题。学习本文,要体会梁任公先生忧国忧民、关心大事的精神品质和独特的人格魅力,理解作者对其含蓄的敬仰之情。

20世纪初,正当华夏处于羸弱挨打时,梁启超先生满怀豪情与希望地说出"美哉,我少年中国,与天不老;壮哉,我中国少年,与国无疆"的壮语,他穷尽一生积极投身于爱国救国的行动中,虽屡遭失败,甚至不被理解,但始终抱着"热心肠",执着于自己的理想。我们也应体悟这种爱国情怀,将这一精神品质不断传承下去。

二 预习路径

阅读该文,要对描写梁任公的有关字词句、精彩语段做圈点勾画,并加以理解、概括,写出准确的、富有情味儿的点评,感受梁任公的独特魅力,领会文章的要旨。

圈点勾画点评示例:

老都管喝道:【金评:从空忽然插入老都管一喝,借题写出千载说大话人,句句出神入妙】"杨提辖,【金评:增出一杨字,其辞甚厉。】且住!你听我说,【金评:老奴托大,声色俱有。】……"(《水浒传·金圣叹批评本》)

三 学法指津

（一）形象概括法

概括能力是一种思维能力。在阅读理解能力中，"概括"能力是最基本的智力技能。而在写人叙事的文章中，对人物形象的概括也是最基本的。那么如何进行人物形象的概括呢？首先应当确定文章中对人物描写的相关句段，勾画文本中现成的核心词句来概括，既省力，又准确。如文章最后说："有学问，有文采，有热心肠的学者，求之当世能有几人？"呼应前文的"晚年不谈政治，专心学术"，我们可截取"有学问，有文采，有热心肠的学者"这句直接作为梁任公形象的一个概括。但这样的概括是属于局部的概括，我们还应当通读全文，看看其他部分对人物的描写。如虽然梁任公晚年不谈政治，但依旧拥有一颗爱国之心，这样的概括是需要阅读三则韵文，并理解其含义才能够得出的。由此我们可知概括除了要勾画部分句子以外还要整体感知对人物描写的相关材料，全面得出人物形象。

（二）点评法

以"点评法"进行自读。"点"就是对阅读材料的有关字、词、句和精彩语段做的各种符号（圈圈点点）。"评"就是对阅读材料中字、词、句、段、篇的理解、概括、感悟和评价。

比如说勾画出描写梁任公的句子加以评价。例：

(1)随后走进了一位短小精悍秃头顶宽下巴的人物，穿着肥大的长袍，步履稳健，风神潇洒，左右顾盼，光芒四射，这就是梁任公先生。（点评："短小精悍秃头顶宽下巴"从外貌可看出他的平易近人，"步履稳健，风神潇洒"体现出梁任公气质高雅。）

(2)他走上讲台，打开他的讲稿，眼光向下面一扫，然后是他的极简短的开场白，一共只有两句，头一句是："启超没有什么学问——"眼睛向上一翻，轻轻点一下头，"可是也有一点喽！"这样谦逊同时又这样自负的话是很难得听到的。（点评：通过对梁任公的动作和语言描写，可以看出梁任公作为学者是谦虚的，作为文人，又是自负的。同时，他也是一个不做作、有真性情、风趣幽默的一个人。）

四 拓展致用

课后阅读梁实秋的《论散文》，梁启超的《少年中国说》《论近世国民竞争之大势及中国前途》《新民说》《饮冰室合集》等，比较其异同。

(一)牛刀小试

阅读下面的文章,完成后面的练习。

秋天的怀念

林中洋

  清晨上班的路上,车子堵在了桥头。桥下,易北河水在刚刚升起的朝阳下缓缓流过,河滩上,天空中,无数的大雁起起落落。过去,我每看见大雁,就会想起千山万水之外的故乡;现在,我会想起已经在天国里的母亲,大雁在天上飞,应该离她更近一些。

  我很早就想写一篇关于母亲的文章,却迟迟动不了笔,原因好像很复杂,其实却又很简单,因为母亲,是每个人曾经的全部天空,在这个天空里,有绚丽的彩霞,也有密布的乌云;有雷鸣电闪,也有雨后的长虹,我不知道从何说起。

  母亲很晚生我,所以,我从来没见过她十分年轻时候的样子,但是中年之后的她,仍旧有着白皙细腻的皮肤,头发烫得一丝不苟。在那些物质并不富裕的岁月里,母亲虽然衣着朴素却从不失讲究,裤子总是熨得笔挺,后来我知道,她从小女孩的年纪就喜欢黑色的衣服,黑色,对她而言是选择,不是将就。

  我的外公是亨得利钟表眼镜行的经理,家境殷实,所以我的母亲从小不必为生计或是家务操心,但是她却有一双巧手,她会织各种花色的毛衣。每年初秋,母亲都会把我们去年已经穿小了的毛衣拆掉,混上新的毛线重新织就。她曾经用我的旧牛仔裤给我的吉他做了一个套子,记得当年所有见过这个套子的人都顽固地认为这么精致的东西只可能是买的。母亲是南方人,虽然在北方长大,却保留了南方人的口味,做菜总是要放一点糖,过年的时候,母亲都会早早买好了糯米、黑芝麻和猪油,用一只小石磨把糯米合着水细细地磨成浆,她做的宁波汤圆,晶莹剔透如珠玉,里面的馅子隐约可见,一口咬下去,香甜酥糯,满口留香。这个味道对我来说,就是母亲的味道。

  我小的时候非常怕黑,厉害的时候即使开着灯睡觉也不踏实,于是我就会跑到父母的房间去,要求睡到他们俩中间,母亲张开手臂,我的脸一枕到她柔软的臂膀上,就会毫无悬念地立刻睡着。随着我渐渐长大,只要半夜站在父母床前,父亲就会叹口气然后抱起枕头睡到我的小床上去。我那时还经常生病,有次问母亲我会不会就要死了,她哈哈大笑,说你放心,要是你得了什么治不了的病,我肯定比你先死!我听了就平静下来,好像只要有母亲防着,我连死都不必怕了。

母亲是物理老师,她的学校离家很远,每天都早出晚归,晚上还经常要批改作业或考卷。那时候只有周日是休息日,这一天就不可避免地成为洗衣服和打扫卫生的时间,所以退休之前,母亲的脾气有时会很暴躁。到了我的青春叛逆期,我和母亲之间会时不常地硝烟弥漫,激烈的时候,我宁愿物理考不及格也不去找母亲答疑,最后干脆进了文科班,彻底不用再学物理。那个时候,我总觉得母亲不理解我,不在乎我,后来想想,我自己那时也真够混账的。

我很年轻就去国离家,每次在机场离别的时候,母亲都等到她以为我看不见了时才偷偷转身暗自哭泣,我远远地看见她擦眼泪的样子,都会肝肠寸断,其实,我何尝不是这么爱你呢!妈妈!只是我说不出来!现在我说出来了,却是在你永远也听不见的时候。

秋天,是思念的季节。母亲也是在一个深秋的中午离开了我们,每看到雁群从头顶掠过,我都会想,为什么有些大雁往南飞,有些却向北飞,它们到底从哪里来,要到哪里去?不管怎样,如果你们遇见我的母亲,请给我带个信儿,告诉她我想念她,天堂里如果很冷,请告诉她不要害怕,因为,我会把她放在心里最温暖的角落。

(有删改)

学法指引

本篇写人叙事散文运用全景式概括性的叙述,交代了母亲平凡的一生。通过回忆有关母亲的往事,刻画了一位生活讲究、心灵手巧、关爱子女、爱岗敬业、勤劳的母亲形象,表达了对母亲深深的爱戴与思念。

我们在概括母亲形象时,首先应当确定文章中人物描写的相关句段,勾画文中现成的核心词句来概括,既省力,又准确。比如说我们在文中找到描写母亲的段落"但是中年之后的她,仍旧有着白皙细腻的皮肤,头发烫得一丝不苟。在那些物质并不富裕的岁月里,母亲虽然衣着朴素却从不失讲究,裤子总是熨得笔挺,后来我知道,她从小女孩的年纪就喜欢黑色的衣服,黑色,对她而言是选择,不是将就"。我们就可以用这段话的核心词"一丝不苟""朴素""不失讲究"来概括母亲的形象特点。

在体会作者情感时可以使用点评法。勾画出关键句子或段落,然后分析句子写了什么,为什么这样写,对表达主旨有什么作用。比如说"过去,我每看见大雁,就会想起千山万水之外的故乡;现在,我会想起已经在天国里的母亲,大雁在天上飞,应该离她更近一些"这句话我们可以作以下点评:清晨上班路上堵车,看到无数大雁起起落落,勾起对母亲的怀念。作者运用铺垫手法,开头写看到大雁想起已逝的母亲,为下文写对母亲的回忆作铺垫。

1. 下列对作品有关内容和艺术特色的分析鉴赏,最恰当的一项是(　　)

A. 作者起笔写自己清晨上班路上堵车,从而有时间看天空中大雁的起起落落,并由此想起已经去世的母亲,意在突出自己的工作很忙。

B. 作者其实早就想写一篇关于母亲的文章,但迟迟不能动笔的主要原因是母亲在他的生命中曾经是"全部天空",不知道从何说起。

C. 文章虽然没有写到母亲具体详细的生活片段,但全文通过全景式概括性的叙述,交代了母亲艰辛的一生,表达了作者对母亲的高度赞美。

D. 文章采用正面描写与侧面描写相结合的方式,立体化地刻画了母亲这一形象,在平易朴实的语言之中,蕴含着对母亲深深的爱戴与思念。

2. 请简要分析文中母亲的形象特征。

3. 文章最后一段在文中起了什么样的作用?请结合全文加以分析。

(二)独闯天涯

阅读下面的文章,完成后面的练习。

我的一位国文老师

梁实秋

我在十八九岁的时候,遇见一位国文先生,他给我的印象最深,使我受益也最多,我至今不能忘记他。

先生姓徐,名锦澄,我们给他上的绰号是"徐老虎",因为他凶。他的相貌很古怪,他的脑袋的轮廓是有棱有角的,很容易成为漫画的对象。头很尖,秃秃的,亮亮的，脸形却是方方的，扁扁的，有些像《聊斋志异》绘图中的夜叉的模样。他的鼻子、眼睛、嘴好像是过分地集中在脸上很小的一块区域里。他戴一副墨晶眼镜，银丝小镜框，这两块黑色便成了他脸上最显著的特征。我常给他画漫画，勾一个轮廓，中间点上两块椭圆形的黑块，便惟妙惟肖。他的身材高大，但是两肩总是耸得高高，鼻尖有一些红，像酒糟的，鼻孔里常川的藏着两桶清水鼻涕，不时地吸溜着，说一两句话就要用力地吸溜一声，有板有眼有节奏，也有时忘了吸溜，走了板眼，上唇上便亮晶晶地吊出两根玉箸，他用手背一抹。他常穿的是一件灰布长袍，好像是在给谁穿孝，袍子在整洁的阶段时我没有赶得上看见，余生也晚，我看见那袍子的时候即已油渍斑斑。他经常是仰着头，迈着八字步，两眼望青天，嘴撇得瓢儿似的。我很难得看见他笑，如果笑起来，是狞笑，样子更凶。

我的学校是很特殊的。上午的课全是用英语讲授，下午的课全是国语讲授。上午的课很严，三日一问，五日一考，不用功便被淘汰，下午的课稀松，成绩与毕业无关。所以每到下午上国文之类的课程，学生们便不踊跃，课堂上常是稀稀拉拉的不大上座，但教员用拿毛笔的姿势举着铅笔点名的时候，学生却个个都到了，因为一个学生不只答一声到。真到了的学生，一部分是从事午睡，微发鼾声，一部分看小说如《官场现形记》《玉梨魂》之类，一部分写"父母亲大人膝下"式的家书，一部分干脆瞪着大眼发呆，神游八表。有时候逗先生开玩笑。国文先生呢，大部分都是年高有德的，不是榜眼，就是探花，再不就是举人。他们授课不过是奉行故事，乐得敷敷衍衍。在这种糟糕的情形之下，徐老先生之所以凶，老是绷着脸，老是开口就骂人，我想大概是由于正当防卫吧。

有一天，先生大概是多喝了两盅，摇摇摆摆地进了课堂。这一堂是作文，他老先生拿起粉笔在黑板上写了两个字，题目尚未写完，当然照例要吸溜一下鼻涕，就在这吸溜之际，一位性急的同学发问了："这题目怎样讲呀？"老先生转过身来，冷笑两声，勃然大怒："题目还没有写完，写完了当然还要讲，没写完你为什么就要问？……"滔滔不绝地吼叫起来，大家都为之愕然。这时候我可按捺不住了。我一向是个上午捣乱下午安分的学生，我觉得现在受了无理的侮辱，我便挺身分辩了几句。这一下我可惹了祸，老先生把他的怒火都泼在我的头上了。他在讲台上来回地踱着，吸溜一下鼻涕，骂我一句，足足骂了我一个钟头，其中警句甚多，我至今还记得这样的一句：

"你是什么东西？我一眼把你望到底！"

这一句颇为同学们所传诵。谁和我有点争论遇到纠缠不清的时候，都会引用这一句"你是什么东西？我把你一眼望到底"！当时我看形势不妙，也就没有再多说，让下课铃结束了先生的怒骂。

徐先生自己选辑教材，有古文，有白话，油印分发给大家。《林琴南致蔡孑民书》是他讲得最为眉飞色舞的一篇。此外如吴敬恒的《上下古今谈》，梁启超的《欧游心影录》，以及张东荪的时事新报社论，他也选了不少。这样新旧兼收的教材，在当时还是很难得的开通的榜样。我对于国文的兴趣因此而提高了不少。徐先生讲国文之前，先要介绍作者，而且介绍得很亲切，例如他讲张东荪的文字时，便说："张东荪这个人，我倒和他一桌上吃过饭……"这样的话是相当可以使学生们吃惊的，吃惊的是，我们的国文先生也许不是一个平凡的人吧，否则怎样会能够和张东荪一桌上吃过饭！

徐先生于介绍作者之后，朗诵全文一遍。这一遍朗诵可很有意思。他打着江北的官腔，咬牙切齿地大声读一遍，不论是古文或白话，一字不苟地吟咏一番，好像是演员在背台词，他把文字里的蕴藏着的意义好像都给宣泄出来了。他念得有腔有调，有板有眼，有情感，有气势，有抑扬顿挫，我们听了之后，好像是已经理会到原文的意义的一半了。好文章掷地作金石声，那也许是过分夸张，但必须可以朗朗上口，那却是真的。

但是从这一次起，徐先生算是认识我了。酒醒之后，他给我批改作文特别详尽。批改之不足，还特别地当面加以解释，我这一个"一眼望到底"的学生，居然成为一个受益最多的学生了。

徐先生之最独到的地方是改作文。普通的批语"清通""尚可""气盛言宜"，他是不用的。他最擅长的是用大墨杠子大勾大抹，一行一行地抹，整页整页地勾；洋洋千余言的文章，经他勾抹之后，所余无几了。我初次经此打击，很灰心，很觉得气短，我掏心挖肝地好容易诌出来的句子，轻轻地被他几杠子就给抹了。但是他郑重地给我解释一会，他说："你拿了去细细地体味，你的原文是软趴趴的，冗长，懒啦光唧的，我给你勾掉了一大半，你再读读看，原来的意思并没有失，但是笔笔都立起来了，虎虎有生气了。"我仔细一揣摩，果然。他的大墨杠子打得是地方，把虚泡囊肿的地方全削去了，剩下的全是筋骨。在这删削之间见出他的功夫。如果我以后写文章还能不多说废话,还能有一点点硬朗挺拔之气,还知道一点"割爱"的道理,就不能不归功于我这位老师的教诲。

徐先生教我许多作文的技巧。他告诉我:"作文忌用过多的虚字。"该转的地方,硬转;该接的地方,硬接。文章便显得朴拙而有力。他告诉我,文章的起笔最难,要突兀矫健,要开门见山,要一针见血,才能引人入胜,不必兜圈子,不必说套语。他又告诉我,说理说至难解难分处,来一个譬喻,则一切纠缠不清的论难都迎刃而解了,何等经济,何等手腕!诸如此类的心得,他传授我不少,我至今受用。

我离开先生已将近五十年了,未曾与先生一通音讯,不知他云游何处,听说他已早归道山了。同学们偶尔还谈起"徐老虎",我于回忆他的音容之余,不禁还怀着怅惘敬慕之意。

(有删改)

1.下列对材料有关内容的分析和概括,最恰当的一项是(　　)

A.作者描写徐老师既突出其优点,也不回避其丑陋,如从文章的第二段开始,不惜笔墨交代了其可怕的绰号、怪异的相貌、狰狞的凶笑、不良的习惯等。这反映了作者写人叙事力求客观公正的写作态度。

B.徐先生在教学中思想较为开明,自己编选教材既选古文也选时文,他的这种做法激发了学生学习国文的兴趣。

C.徐先生追求简洁、硬朗的文风,批改作文时常常用大墨杠子大勾大抹,把虚泡囊肿的地方全削去了,剩下的全是筋骨。他的这种文风追求对作者今后的文学创作产生了重要影响。

D.与《记梁任公先生的一次演讲》语言极其庄重严肃不同,本文在描写徐老时极尽戏谑调侃之能事,语言轻松幽默,体现了梁实秋散文的另一种风格。

2.文中的国文老师为什么被学生称作徐老虎?请结合文章简要分析原因。

3.文章最后写道:我于回忆他的音容之余,不禁还怀着怅惘敬慕之意。结合文章内容,说一说作者为何会怅惘敬慕。

名师点拨

《我的一位国文老师》是梁实秋散文中写人的名篇,作者用幽默风趣而又饱含深情的笔调刻画了一位貌丑性凶却敬业爱生的老师形象。文章欲扬先抑，似贬实褒。从文章的开头我们不难看出作者是要褒扬自己的国文老师，可从文章的第二段开始，作者不惜笔墨，连用四个段落，写老师可怕的绰号、怪异的相貌、狰狞的凶笑、不良的习惯……但这些看似贬损的描写并无恶意，作者实际上是在通过这些富有个性特征的描写来突出国文老师的有趣和可爱，同时也与下文写老师的认真、敬业、爱生形成了表和里的反向衬托，外在的丑正衬托了内在的美。其次善抓特征，描画细腻。作者不愧为散文大家，在他的笔下，人物栩栩如生。究其因是作者善抓特征。并且语言幽默，谐趣横生。本来回忆自己恩师的文章应该严肃庄重些，但作者偏偏不肯。"鼻尖有一些红，像酒糟的，鼻孔里常川的藏着两桶清水鼻涕，不时地吸溜着，说一两句话就要用力地吸溜一声，有板有眼有节奏"，一会儿又说他"也有时忘了吸溜，走了板眼，上唇上便亮晶晶地吊出两根玉箸，他用手背一抹"，风趣幽默的描写比比皆是，真正达到了炉火纯青、出神入化的境界。

（三）剑指高考

阅读《我的一位国文老师》，回答后面的问题。

1.下列对材料有关内容的分析和概括，不正确的一项是（　　）

A.第二段给先生取绰号，是年少不懂事。文末再以"徐老虎"称之，是对老师的一种怀念，表达出对老师教育之恩的感激。

B.作者好像漫画高手一般，截取了徐先生生活的几个片段，抓住其特征，寥寥几笔，便把徐先生刻画得形神兼备。

C.文章描写国文老师外在形象时，语言夸张幽默，如写其"鼻孔里常川的藏着两桶清水鼻涕"，在写先生选辑教材、课上朗读及修改作文的事情时，语言凝重庄严。可以看出本文的语言亦庄亦谐。

D."他的大墨杠子打得是地方，把虚泡囊肿的地方全削去了，剩下的全是筋骨。"运用了夸张的修辞手法，表现了徐老师才华素养和教学水平之高，对学生认真负责，这种删繁就简的作文态度对作者产生了深远影响，表达其对老师的感激、敬慕之情。

2.结合文章内容具体分析文中的徐先生具有怎样的性格特点。

3.文章弥漫着作者对先生的怀念和敬慕之情，可为什么要对先生的相貌习惯等进行"大不敬"的丑化？

第三节

《合欢树》及此类文章的学法点拨

一 文本解要

(一)文本指要

《合欢树》是人教版普通高中课程标准实验教科书(2006年)《语文(中国现代诗歌散文欣赏)(选修)》"散文部分"第三单元"一粒沙里见世界"的第三课。作者是我国著名散文家史铁生。本文所在单元主要是写人记事的散文,所选文章都是从小处着墨,所写内容也都是作者身边可观可感的人、事、物,往往运笔于"点滴",表达出"无穷",感情细腻真挚,从作者丰富的人生感受,引发读者深刻的思考。《合欢树》是史铁生写母爱的经典散文,文风朴实,只是截取了几个普通的生活片段,通过"小意"来表达深层的"大义",寄寓着作者深沉的爱。平凡而普通的合欢树,凝聚了作者深沉浓厚的情感,学生阅读此类文章,要身临其境,从平和而富有诗意的语言中体悟至真至深的情感,从细读中收获思考,在欣赏散文的同时领悟其"以小见大"的特性,增强鉴赏能力。

(二)素养导航

1.语言建构与运用

史铁生的散文语言朴素而自然,浅显易懂而感悟至深。《合欢树》的语言就整体来看,朴素自然,同平常人家话家常,通俗易懂,给人实实在在的感觉,读之亲切又言中有物。然而全文用语看似自然,实则是作者精心考究,"刻意"而为之。

文章开篇写:"十岁那年,我在一次作文比赛中得了第一。"实在是平淡如水,使用的是口语化的"得",而不是书面语"获得",一字之差,不仅朴素自然之意味"得了"极大改变,而且体现出来的"我"对于"第一"的态度也大有不同,一个轻描淡写,一个似乎煞有介事。后文中"我"得知母亲种的合欢树开花的时候,也是用一个"抖"字来表达心灵的震颤,以微妙的心灵触觉给读者以无限的冲击力。推及篇章结构,母亲"还年轻"时"急"着说自己作文还要好,后来对治好"我"的腿终于绝望后,对"我"小时候作文得过第一的"提醒","还年轻"时给自己做裙子,"已不年轻"时全副心思都在治疗"我"的腿上,"头上开始有了白发"。简单的对比融入朴素的语言,"言近"而"旨远",都渗透着作者运笔的痕迹。小到遣词,推至造句(多是单句),大到篇章结构安排,都是实实在在、朴素自然的,它们相互整合,建构起史铁生独特的意蕴空间,让《合欢树》的无限情感在朴素自然中显得含蓄而内敛。

2. 思维发展与提升

《合欢树》的章法结构较为清晰。既可以从以"十岁那年"—"二十岁"—"三十岁时"为标志的时间线索入手,也可从文章前半部分写"人"("我"与母亲的生活片段)到后半部分写"树"(合欢树的经历),由人及树的情感推演进行分析。对于作者情感态度的把握,我们可以引导学生发散思维,调动自己的知识储备,采用"横联"的方法,把握作者的观点、态度,促进思维的发展与提升。一是横向联系作者的其他作品,二是联系其他人同类型或同题材的作品或者评价。

史铁生对"母爱"的评价在《合欢树》中并未直接显露,但我们不难联系到《我与地坛》里面的话语:"母亲生前没给我留下过什么隽永的哲言,或要我恪守的教诲,只是在她去世之后,她艰难的命运,坚忍的意志和毫不张扬的爱,随光阴流转,在我的印象中愈加鲜明深刻。""毫不张扬",短短四个字,平淡如水,毫无雕琢之感,却将母爱独有的特质书写得淋漓尽致。而作为承载情感的"合欢树"出现在文章的后半部分,且由"其他人"(院子里的老人)道出,如何理解作者的这种行文逻辑?试想鲁迅先生的《故乡》,农村的破产主要是通过闰土这一人物形象的前后对比来表现的,童年时期的闰土热情活泼,成年后的闰土羞涩木讷,但在写闰土前作者铺设了另一位人物,那就是杨二嫂。同理,史铁生在表达"母爱"的主题前由院子里这些老人的表现缓缓进入,无非也是"母爱"的一种折射。结合王安忆的评价来解读《合欢树》再精妙不过:叙述中流露出原初面目的情感,这种心底的感情从震荡开始,逐步趋向理性,而最终孕育着哲学的果实。文章如涓涓细流,在叙述中将最原初的情感——母爱娓娓道来,而院子里的合欢树却长出了叶子,给作者以深深的震撼,情感经过历练后趋于理性,阅尽人世沧桑,历经心灵震颤,"悲伤也成享受",最终孕育"哲学的果实"。

3.审美鉴赏与创造

为写作的需要,作家们常常将现实生活中的情感以带有个人独特风格的语言提升为散文化、审美化的情感。《合欢树》中,史铁生不借助任何"夸张"的描写,以自然朴素的语言不动声色地叙述着"娓娓闲话",蕴含着"情感美"。

这种情感无疑是真挚的,主要体现为邻里之间的情感慰藉和母子之间的至真至情。当母亲去世后,"我"回到大院儿,老太太们"还都把我当儿孙看","东家喝茶,西家吃瓜"的热情,想到"我"没了母亲"忙扯些别的闲话"的细心呵护,都给了"我"温暖与踏实的归属感,记忆由此闪回到心中所依恋的邻里生活;最让人动容的还是那"母子情深",母亲坚忍而执着的奔波,字字句句都透露着母亲的真情,而作者用看似最为冷静的叙述姿态,表达其复杂而敏感的情感煎熬。像是"静水"中的"深流",将厚重又不失细腻的感怀与情思交织于平静的文字中,将"我"的深情镶嵌其中。这份沉甸甸的母爱,那种刻骨铭心的"子欲养而亲不待"的伤悲,会让你沉浸其中,情不自禁地浮现与母亲相处的画面,会让你不由自主地感动,定格于这人类最为平凡却最为深刻的情感。

4.文化传承与理解

自古"母爱"就是文人墨客永恒的书写话题。古有"孟母三迁""陶母筵宾""欧母画荻""岳母刺字"四大名母的故事,蕴含着道不尽的深情。老舍唯恐失去母爱,"失了慈母就像是失了根的花草"(《我的母亲》),郭沫若在风雨飘摇的深夜,饱含思念母亲的痛楚(《芭蕉花》),季羡林枕着母亲睡过的枕头,承受着撕心裂肺的失母之痛(《母与子》),而从维熙醉心于母亲的鼾声,体悟着柔情之美(《母亲的鼾歌》)。一直以来,语文教育始终包含着爱的教育,培养学生成为拥抱爱、理解爱、给予爱的情操高尚之人,是其题中之义。史铁生的散文也充满着爱,他在《秋天的怀念》《我与地坛》等作品中也多次提及自己的母亲。引导学生感受母爱、理解并回报母爱是教育的应有之义。作为残疾作家的典型,出于对母亲的沉痛思念,承受着欲报而不能的悲苦,写下了书写母爱的经典篇章《合欢树》,作者在记忆与追思中,一步步走进母亲的世界,体悟母亲的苦难与伟大,也从母亲面对困苦的姿态中学到了坚忍、责任与担当。

史铁生之为"史铁生",一是残疾,二是残疾后母亲的爱,而《合欢树》便是最具代表的印证之一。文学的阅读过程,一方面,基于自己的生活经验、知识想象和移情将自己投射进文本中,然后感同身受;另一方面,我们依然在运用一定的文学知识、阅读图式、期待视野(激活自己脑中知识与期待的存储,找到合适的读法)。《合欢树》的内容比较复杂,凝聚了作者的残疾经验、母爱经验、孤独经验等多种内容,需要我们通过自己独有的生活经验和已有的知识,想象和移情到文本中,把自己投射进去,然后去感同身受。

而他的散文中饱含着对"如何实现生命价值"这一重大人生课题的思考,正因为残疾带来的不幸,他曾经无数次思考命运,向上苍诘问"为什么是我",也正是因为残疾经验,他理解了"差别"的必要与永恒,也顿悟了命运的荒诞和偶然,而对于"生命价值的深层次思考"也是语文课程中重要的教育资源。

二 预习路径

预习时先把握文章线索,抓住表示时间的词语,也可从具体的写作内容进行分析,厘清行文思路;以典型事件为抓手,结合人物的语言和心理描写等方面进行分析;品味作者语言,体会其对母亲的怀念和遗憾交织的情感,理解"合欢树"承载的丰富内涵,由此感悟现实生活中的母爱与亲情,从而把握散文"以小见大"的写作手法。

三 学法指津

此文语言有韵味,意象运用精妙,故宜采用以下两种方法学习。

(一)语言品味法

品味《合欢树》的语言,从以下三个角度进行分析。

1.细腻可感的语言。

语言风格是作家内在精神的外化,对史铁生而言,残疾经验赋予了他创作的不竭之泉,对他来说,或许真正的朴素在于历尽现世灾难、阅尽人间沧桑之后,却仍以真情驾驭,以泰然超越焦灼而呈现的心态。繁华落尽复归真,心魂万千,精神同质,从而形成了他独有的语言风格。此文中史铁生将这种语言"放置"于母亲身上,为我们刻画了一个生动而完满的母亲形象。众所周知,《合欢树》是史铁生书写母爱且带有怀念性质的经典篇章,毫无疑问,文中的母亲对儿子关爱有加,读完全文大家就应该了然于心。因为"我"的残疾,母亲四处求医,打听花钱找偏方;不小心将"我"烫伤后惊慌失措、自责不已;知晓"我"的腿治好无望后鼓励"我"写作,风雨无阻到处借书,而母亲这种毫不张扬的爱主要是通过语言描写传达出来的。

"再试一回,不试你怎么知道会没用?"——坚持、温柔、足够耐心

一换药就说:"怎么会烫了呢?我还直留神呀!"——深深自责

"我年轻的时候也最喜欢文学""我也想过搞写作。"——理解

"你小时候的作文不是得过第一?"——鼓励

这确实是一个对残疾儿子充满包容、理解,全力支持,历经绝望又重燃希望的母亲。不过,由于惯性和定式思维,大家容易将目光停留于母亲的操劳和付出上,而忽略母亲的其他特质。在《合欢树》中,母亲的形象是丰富的。文章第一段,母亲"急"着说自己,说明母亲阳光活泼;和儿子争论,说明母亲还争强好胜;正给自己做一条蓝地白花的裙子,说明母亲爱美、能干,而作者专门选取"蓝地白花"色调,也可以表明母亲的素雅,同时,后文母亲将合欢树误以为是含羞草给挖回来,第二年没有发芽还不舍得扔掉,母亲"从来"都是喜欢这些东西的,也说明母亲爱美、喜爱花草的天性。作者"别有用心",将母亲年轻、争强好胜、聪明、爱美、能干的特质通过自然而朴实的语言描写得生动可感,塑造出完整而立体的母亲形象,使其更为饱满和可爱。

2.精妙的遣词造句。

《合欢树》的整体语言看似朴素自然,细细品味,实际上极其"不自然",都是经过作者精心雕琢的。

文章开篇用"得"了第一,轻描淡写地写出了"我"对于作文获奖的不以为意,而母亲"急"着说自己作文写得好,表达了母亲年轻时的好强,同时为后文母亲对于治愈"我"的腿终于绝望后的"提醒"作了精妙的铺设。而后文院子里的老太太告诉"我"合欢树开花时,作者依然选择了单音节动词"抖",不用"颤抖",虽显一定的陌生感,却不做作,读完仿佛心也跟着为之一"抖",有一种强烈的冲击力,继而脑海中浮现出一种画面感。作者选取这些最基本、最原初的动词,其实动作性更强,画面感更足,语言越朴素,越实在,传达的情感却更真,更实。

再如"承认她是世界上长得最好看的女的"这句,结构、句式虽简单,但语义却结实、饱满,是注入了作者巧思而精心"炼"出来的。首先,"好看"没有写成"漂亮",因为"好看"最简单,最朴素;其次,"女的"没说成"女人",因为小孩儿说不出"女人"这种词,极其地贴合了当时的语境;整句话看起来,仿佛再现了小孩子带着天真活泼语气说这句话的场景。

3.恰当的修辞手法。

恰当的修辞能为文章"润色",使其更形象生动。分析修辞手法,要明手法—析内容—说情感。《合欢树》中主要是对比手法的运用。

首先,母亲"年轻时"的"追求自我"与"不再年轻"时的"全身心为我"形成强烈的对比,"年轻时"的母亲"急"着说自己的作文比"我"还要好,为自己做裙子,那时候的她,年轻、好强、爱美，"我"生病后，母亲全副心思放在"我"的病上，"头上开始有了白发"，到处打听偏方，伤到"我"之后，惊惶地昼夜守着"我"几个月，一换药就开始念叨，此时的她，不再年轻、啰唆、心思敏感。母亲倾尽了她的青春，埋葬了她的个性，其间灌注的母子深情着实让人感思。

其次，"不哭不闹，瞪着眼睛看着树影儿"的小孩与"我"构成了对比。二者之间有着不同的生命体验，主要体现在合欢树所承载的情感上，小孩在现实空间中与合欢树相遇，始终"不哭不闹"，也许长大后会想起童年的事，想起晃动的树影儿，但"我"与合欢树是在精神空间里不期而遇，对于小孩来说，他不会知道哪个树是谁种的，怎么种的，因为他无法理解"合欢树"之于"我"的深刻意义，在这个空间里，慢慢地，"悲伤也成享受"，那种孤独与哀痛，那种深切的怀念与遗憾，那种对生命曾经的饱满与美好追忆也只有作者自己才能理解和体悟。

(二)意象塑造法

抒情即表达内心情感与感受，往往在作品中起着"画龙点睛"的作用，是从作品的思想内容中提炼出来，对文章意蕴的概括和情感的升华，渗透了作者的写作意图，承载着作者的思想情感。而散文中的抒情，可以融情于景、寄情于事、托情于物等，在叙述、描写的字里行间，往往通过意象来承载作者的情感表达。

史铁生是不幸的，他在21岁时失去了行走的自由，"活到最狂妄的年龄上忽地残废了双腿"[①]，一个因空间限制而充分展开了时间的人；然而他又是幸运的，在近乎绝望的人生困境中找回了生存的意义，在无数次彷徨犹疑与孤独挣扎之后，顽强地活了下来，并用写作成就了自己的梦想。他探索命运，思考苦难，以真诚的写作姿态将切身的体验灌注到创作中，用残缺的身体，诠释出了最为健全而丰满的思想，是一位"绝处逢生"的精神跋涉者，借助自己独特的语言将其对人生的理解与情感的承载巧妙地编织成一个个文学意象，试图以丰富的情感体验将原本抽象而深奥的哲思转化为形象生动、具体可感的现实图景。

《合欢树》中，固然"合欢树"是最为明显且最能承载作者情感的意象。首先，合欢树的经历与作者有着一定的同构性，被误认为"含羞草"(路边)—未发芽(第二年)—长出叶子(第三年)，这时候，母亲将其认为是"好兆头"，于是认真对待起来，这时候，作者将合欢树赋予了美好希望的内涵，它成为母亲眼中的意象——希望儿子能与它一样，顽强地找

[①] 史铁生：《我与地坛》，《史铁生作品精选》，长江文艺出版社，2015年，第3页。

寻到自己的出路；其次，合欢树是母亲去劳动局给"我"找工作的路上挖回来的，它见证了母亲为"我"奔波劳苦的过程，凝结了母亲对"我"深深的爱；再者，多年后，"我"没料到那棵还活着的合欢树其实是母亲形象的物化，犹如《项脊轩志》中最让人动容的那句："庭有枇杷树，吾妻死之年所手植也，今已亭亭如盖矣。"这株合欢树已然同于那株枇杷树，人已去，但树常存；正因为树在，才觉人未走远。

"孩子"是《合欢树》中又一非常重要的意象，文中三次出现"孩子"望着晃动的树影，传递着深厚意味进而显露出史铁生的情感意念，他特殊的经历使他对人间至情追寻的脚步永不停歇，而孩子的至纯至真又是一种"生"的隐喻。最后一段以"孩子长大"收束全文，看似闲笔的虚写，实则意蕴无穷，"推己及人"，由现在而至未来，不仅增强了文章的时空感，也使文章散发着神秘气息；而最后一句"但他不会知道那棵树是谁种的，是怎么种的"，看似还是写"那个孩子"，实际上又"由人说己"，最后的落笔还是在自己和母亲上，这不仅是对全文的收缩，更是母子情感的浓缩，言有尽而意无穷。因为个人经验往往是难以传达更无法传递的，千言万语都难以表达，只有不断延宕：母亲—合欢树—合欢树的树影儿—孩子—孩子不知道树是怎么种的、背后有什么故事。他常于生命的困惑处思索，使原本可能"破败的生命"成了"升华的赞歌"。

四 拓展致用

课后阅读史铁生《我与地坛》《秋天的怀念》《好运设计》，了解作者多舛的命运和坚强的动力，立体地审视史铁生精神。

（一）牛刀小试

阅读下面的文章，完成后面的练习。

我们与父亲

李丽娟

父亲与弟弟到的时候是清晨。许是吃了感冒药的缘故，一夜睡得深沉，被手机铃声吵醒时，是六点二十分，父亲在电话里说：我们到了，在楼下。

打开楼门，冷气袭人，毕竟是初冬了，风里带着凛凛清寒。

父亲和弟弟站在楼门口，脚下散列着许多行李。我随口说，这么早啊。弟说，还早呢，车子四点钟就到了，咱爸怕影响你休息，我们一直在候车室等到六点,冻死了。父亲忙接口说,不冷,不冷。说着,还有意挺了挺瑟缩的身体。

我们上楼,父亲弯腰去提一只最重的箱子,身体有些趔趄,弟一把拖过来,双手一拎,"蹬""蹬""蹬"地上去了。父亲自嘲地笑笑,拿起两个袋子,随我慢慢地走上去。

弟这次来是帮我装修天台的。弟做护栏时,父亲在旁边帮忙,佝偻着身子,搬东搬西,时不时给弟倒杯水,或者点支烟。接连忙了两天后,护栏做好了,弟要走。弟走的时候也是清晨。我要去送他,弟不让,父亲也不让。父亲说,他会把弟送上长途车再回来。晨曦中,他们并肩走向远方,走出我的视线,背影十分相像。

弟只小我一岁,小的时候,白皙,秀气,聪慧,人人都言我不及他。初时,父亲对他是有着期望与偏爱的,给他取名为"杰",每逢外出,总是带着他,惹来我无限的嫉妒。但弟与父亲始终不亲近,在他眼中,父亲是无常、阴沉、不可揣测、令人敬畏的,这让父亲很失望。父亲对弟的大不悦是在我们上学之后。弟的学习成绩不好,迷恋的是音乐。弟弟不仅迷恋着流行歌曲,也迷恋乐器,中国古典的乐器。他常常在夜里吹奏笛子,声音清越,吹出月光、竹林、沙滩、仙鹤……

升入高中以后,弟与另两个男孩一起组成了一个"红蜻蜓"歌唱组合。我喜欢那些在晚霞中飞舞的小精灵,弟也喜欢,我们都记得捉放蜻蜓是儿时最喜欢的游戏。红蜻蜓组合在春日夕阳中翻唱着一些小虎队的歌曲,唱得投入而动情,虽然只有我一个观众。弟说,他要考艺术院校。这当然没有成功,父亲认为那是不务正业,严厉禁止。弟在那年中考中落榜了。为了实现愿望,弟又转向别的途径,准备去当文艺兵,这最后也没实现。弟心灰意冷,对音乐的追求就此止步。他常常迷茫地望向远方——人世浩瀚,哪条才是他要走的路?

对于父亲的横加干涉,弟是心怀怨怼的。他整日整日地不回家,在外面游荡,抽烟,喝酒,看录像,甚至赌博。父亲对于弟的不成器是彻底失望的。整日摆着一副恨铁不成钢的表情,看也不看弟一眼。他们像天生的宿敌一样,冷战,僵持,中间横亘着大片大片的沉默,黑夜般深不可测,没有光亮。

那些坚硬的、暗含敌意的、荒原一般的沉默,是什么时候开始消融,最后随风化为流水的,我不得而知。

我那时已在江南。弟有时写信,有时打电话,内容里渐渐多了关于父亲的信息。初涉尘世的弟弟被浮世的炎风吹刮后,终于体会到了现实巷间烟火的不易。弟才知道,父亲对他的要求,并非仅仅是为了自己的脸面与不曾实现的未竟愿望,那要求,也是生活本身对他的要求。

相应的,在经历过一些波折后,父亲对弟也渐渐有了释然。父亲终于明白,子女的人生是无法由他来设计的,我们都不过是千万人中最普通的那一个。

<u>柔软悄悄而来,来自两个血脉相连的男人,如静海深流。</u>

在四处求人碰壁后,父亲拿出积蓄,为弟买了出租车。弟把自己安顿在皖北那个小城,结婚,生子,开始了平淡的人生。

尘埃随之落定。

一年的秋日,我自江南回去探亲,家人聚在一张饭桌上,吃着饭菜,说着闲话,屋外,秋阳融融。饭后,父亲递一支烟给弟弟。弟弟点火,两人抽一口,吐出,对望,烟圈上旋,被风吹着,袅袅散去。一切都在不言中,生活似乎在和解与体恤中,平静地向前流去,父亲展望着他含饴弄孙的晚景。

如果,生活仅仅如此按部就班地向前走去,父亲与弟弟都不会看到他们各自的另一面。

波澜总在不经意间降临人间。

弟的孩子,我的侄儿,在出生一年后,被诊断为孤独症患者。不能接受现实的是我父亲。他,在一夜间,叶落萧萧,只剩下虬枝无言地指向天空。弟头一次发现了父亲的软弱,那貌似强大的外表下,也有不堪一击的所在。他一边安慰父亲,鼓励妻子;一边筹款,四处求医。竭尽人事,要为侄儿打开那扇自闭的门。弟开始不停地讲话,虽然他讲得口干舌燥,侄儿也不看他一眼,他依然坚信爱能化解一切。弟说,他不会放弃。父亲第一次知道了弟是执着的,像蒲草,看似柔弱,实则有坚韧自持的力量。

在弟的从容面前,父亲到底接受了现实,他什么也没说,拍拍弟弟的肩膀,把退休工资卡交给了弟弟。弟不要,父亲露出怒目的本色,喝令他收下。然后挺直脊背,走出大门。

此后,父亲就是那个随传随到的人,只要弟需要,他总在那里,并一直守在那里。

弟临走时,悄悄叮嘱我:爸老了,有时犯糊涂,在你这里,你精心点。我说,你放心吧。

弟走后,父亲说,看看,你弟多能干。我说,是,弟一直都很能干。父亲对弟的赞许是在他走后说出来的。

(有删改)

学法指引

这篇文章选取了最普通的"父与子"的话题,截取了最为平常的生活片段,表达了父子之间的深情。学习这篇散文时,同样可以重点品味其语言艺术,分析人物形象,结合散文"以小见大"的特点,从朴素简单的语言中体悟作者所传达出来的深厚情感。

要学会品味文章朴素自然的语言艺术。文章选取的是最为普通的"父与子"的故事,也是在家长里短的叙述中传达着深情。善用短句,如"吃着饭菜,说着闲话,屋外,秋阳融融""吐出,对望,烟圈上旋,被风吹着,袅袅散去",句式简单,短小精悍,句意明晰,读起来简洁明快,亲切自然;用最为朴素的词来展示人物形象,如"他什么也没说,拍拍弟弟的肩膀,把退休工资卡交给了弟弟。弟不要,父亲露出怒目的本色,喝令他收下。然后挺直脊背,走出大门"一句,选取了一系列看似最为简单的动词,父亲的形象就跃然纸上了:"拍拍"表达父亲对弟弟的信任,同时也是一种无声的鼓励;"喝令",以强硬的方式表达对弟弟深深的疼爱;"挺直",既表现了父亲为能帮到弟弟感到满足,同时也体现了他帮助弟弟渡过难关、面对挫折的坚定决心,这一刻,父亲的脊背"挺直"了,形象也在这一瞬间更加高大了。

要学会运用精妙的修辞手法。本文善用修辞,如"那些坚硬的、暗含敌意的、荒原一般的沉默,是什么时候开始消融,最后随风化为流水的,我不得而知""柔软悄悄而来,来自两个血脉相连的男人,如静海深流""尘埃随之落定""波澜总在不经意间降临人间"几句,四个单独成段的比喻句,作为过渡段,起承上启下的作用,形象生动。起初,父子之间横亘的沉默如荒原般,直至弟弟开始了平淡人生,漂浮的生活总算落定,而弟弟的孩子生病,给平淡的生活掀起了"波澜",让父亲和弟弟看到了彼此曾经不曾见过的一面,此时,柔软的情感,如静海深流般静静流淌。而"静流",恰恰契合父与子之间情感"默默变化"的特点,那静静流淌的亲情,缓缓地流入彼此的心间。

1.下列对文本相关内容和艺术特色的分析鉴赏,不正确的一项是(　　)

A.文章前半部分,回忆弟弟迷恋音乐,是为下文写弟弟与父亲的矛盾冲突作铺垫。

B.父亲与弟弟由对立冲突到矛盾化解,其中主要原因之一是弟弟经历了"浮世的炎风"的吹刮后,知道了父亲对他的要求不仅仅是为了自己的脸面,其实也是生活本身对他的要求,而父亲也明白子女的人生是无法由父母来设计的。双方经历了一些波折后,渐渐释然了。

C.文章穿插了"侄儿"这一人物,丰富了文章内容,使文章情节曲折生动,是为了表现弟弟柔弱外表下执着而坚韧的一面。

D.本文截取一些生活片段,运用比喻的修辞手法,形象生动地写出了父亲与弟弟之间的父子情深,如静流般轻轻流淌。

2.从语言艺术的角度赏析文中画线的句子。

3.文中的父亲是一个怎样的人?结合全文简要分析。

(二)独闯天涯

阅读下面的文章,完成后面的练习。

家家有明月清风

林清玄

到台北近郊登山,在陡峭的石阶中途,看见一个不锈钢桶放在石头上,外面用红漆写了两字"奉水",桶耳上挂了两个塑胶茶杯,一红一绿。在炎热的天气里喝了清凉的水,让人在清凉时感觉到人的温情。这桶水是由某一个居住在这城市里陌生的人所提供的,他是每天清晨太阳升起时就抬这么重的一桶水来,好细致的用心是颇能体会到的。

在烟尘尘滚滚的尘世,人人把时间看得非常重要,因为时间就是金钱,几乎到了没有人愿意为别人牺牲一点点时间的地步,即使是要好的朋友,如果没有重要的事情,也很难约集。但是当我在喝"奉水"的时候,想到有人在这上面花了时间与心思,牺牲自己的力气,就觉得在忙碌转动的世界,仍然有从容活着的人,他为自己的想法去实践某些奉献的真理,这就是"滔滔人世里,不受人惑的人"。

这使我想起童年住在乡村,在行人路过的路口,或者偏僻的荒村,都时常看到一只大茶壶,上面写着"奉茶",有时还特别钉一个木架子把茶壶供奉起来。我每次路过"奉茶",不管是不是口渴,总会灌一大杯凉茶,再继续前行,到现在我都记得喝茶的竹筒子,里面似乎还有竹林的清香。

我稍稍懂事的时候,看到了"奉茶",总会不自禁地想起乡下土地公庙的样子,感觉应该把放置"奉茶"者的心供奉起来,让他瞻仰,他们就是自己土地上的土地公,对土地与人民有一种无言无私之爱,这是"凡劳苦担重担的人,都到我这里来,我必使他得清凉"的胸怀。我想,有时候人活在这个人世,没有留下任何名姓也不是什么要紧的事,只要对生命与土地有过真正的关怀与付出,就算尽了人的责任。

很久没有看见"奉茶"了,因此在台北郊区看到"奉水"时竟低徊良久,到底,不管是茶是水,在乡在城,其中都有人情的温热。山道边一杯微不足道的凉水,使我在爬山的道途中有了很好的心情,并且感觉到不是那么寂寞了。

到了山顶,没想到平台上也有一桶完全相同的钢桶,这时写的不是"奉水",

而是"奉茶"，两个塑胶杯，一黄一蓝，我倒了一杯来喝，发现茶是滚热的。于是我站在山顶俯视烟尘飞扬的大地，感觉那准备这两桶茶水的人简直是一位禅师了。在完全相同的桶里，一冷一热，一茶一水，连杯子都配合得恰恰刚好，这里面到底是隐藏着怎么样的一颗心呢？

我一直认为不管时代如何改变，在时代里总会有一些卓然的人，就好像山林无论如何变化，在山林中总会有一些清越的鸟声一样。同样的，人人都会在时间里变化，最常见的变化是从充满诗情画意逍遥的心灵，变成平凡庸俗而无可奈何，从对人情时序的敏感，成为对一切事物无感。我们在股票号子里（这号子取名真好，有点像古代的厕所）看见许多瞪着看板的眼睛，那曾经是看云、看山、看水的眼睛；我们看签六合彩的双手，那曾经是写过情书与诗歌的手；我们看为钱财烦恼奔波的那双脚，那曾经是在海边与原野散过步的脚。我们的眼耳鼻舌身意看起来仍然是二十年前无异，可是在本质上，有时中夜照镜，已经完全看不出它们的联结，那理想主义的、追求完美的、每一个毛孔都充满了光彩的我，究竟何在呢？

清朝诗人张灿有一首短诗"书画琴棋诗酒花，当年件件不离他；而今七事都更变，柴米油盐酱醋茶"很能表达一般人在时空中流转的变化，从"书画琴棋诗酒花"到"柴米油盐酱醋茶"，人的心灵必然是经过了一番极大的动荡与革命，只是凡人常不自觉自省，任庸俗转动罢了。其实，有伟大怀抱的人物也不能免俗，梁启超有一首《水调歌头》，我特别喜欢，其后半阕是："千金剑，万言策，两蹉跎。醉中呵壁自语，醒后一滂沱。不恨年华去也，只恐少年心事，强半为销磨。愿替众生生病，稽首礼维摩。"我自己的心境很接近梁任公的这首词，人生的际遇不怕年华老去，怕的是少年心事的"销磨"，到最后只是"醒后一滂沱"了。

在人生道路上，大部分有为的青年，都想为社会、为世界、为人类"奉茶"，只可惜到后来大半的人都回到自己家里喝老人茶了。还有一些人，连喝老人茶自遣都没有兴致了，到中年还能有"奉茶"的心，是非常难得的。

有人问我，这个社会最缺的是什么东西？

我认为最缺的是两种，一是"从容"，一是"有情"。这两种品质是大国民的品质，但是由于我们缺少"从容"，因此很难见到步履雍容、识见高远的人；因为缺少"有情"，则很难看见乾坤朗朗、情趣盎然的人。

社会学家把社会分为青年社会、中年社会、老年社会,青年社会有的是"热情",老年社会有的是"从容"。我们正好是中年社会,有的是"务实",务实不是不好,但若没有从容的生活态度与有情的怀抱,务实到最后正好是柴米油盐酱醋茶,牺牲了书画琴棋诗酒花。一个彻底务实的人正是死了一半的俗人,一个只知道名利实务的社会,则是僵化的庸俗社会。

在《大珠禅师语录》里记载了禅师与一位讲《华严经》座主的对话,可以让我们看见有情从容的心是多么重要。

座主问大珠慧海禅师:"禅师信无情是佛否?"

大珠回答说:"不信。若无情是佛者,活人应不如死人;死驴死狗,亦应胜于活人。经云:佛身者,即法身也,从戒定慧生,从三明六通生,从一切善法生。若说无情是佛者,大德如今便死,应作佛去。"

这说明禅的心是有情,而不是无知无感的,用到我们实际的人生也是如此,一个有情的人虽不能如无情者用那么多的时间来经营实利(因为情感是要付出时间的),可是一个人如果随着冷漠的环境而使自己的心也沉滞,则绝对不是人生之福。

人生的幸福在很多时候是得自于看起来无甚意义的事,例如某些对情爱与知友的缅怀,例如有人突然给了我们一杯清茶,例如在小路上突然听见冰果店里传来一段喜欢的乐曲,例如在书上读到了一首动人的诗歌,例如偶然听见桑间濮上的老妇说了一段充满启示的话语,例如偶然看见一朵酢浆花的开放……总的说来,人生的幸福来自自我心扉的突然洞开,有如在阴云中突然阳光显露,彩虹当空,这些看来平淡无奇的东西,是在一株草中看见了琼楼玉宇,是由于心中有一座有情的宝殿。

"心扉的突然洞开",是来自从容,来自有情。

生命的整个过程是连续而没有断灭的,因而年纪的增长等于是生活资料的累积,到了中年的人,往往生活就纠结成一团乱麻了,许多人畏惧这样的乱麻,就拿黄金酒色来压制,企图用物质的追求来麻醉精神的僵滞,对至于心灵的安宁和融都展现成为物质的累积。

其实,可以不必如此,如果能有较从容的心情,较有情的胸襟,则能把乱麻的线路抽出、厘清,看清我们是如何失落了青年时代理想的追求,看清我们是在什么动机里开始物质权位的奔逐,然后想一想:什么是我要的幸福呢?我最初所想望的幸福是什么?我的波动的心为何不再震荡了呢?我是怎么样落入现在这个古井的呢?

我时常想起台湾光复初期的童年时代,那时社会普遍贫穷,可是大部分人都有丰富的人情,人与人间充满了关怀,人情义理也不曾被贫苦生活昧却,乡间小路的"奉茶"正是人情义理最好的象征。记得我的父亲常挂在嘴上的一句话是:"人活着,要像个人。"当时我不懂这句话的含义,现在才算比较了解其中的玄机。人即使生活条件只能像动物那样,人也不应该活得如动物失去人的有情、从容、温柔与尊严,在中国历代的忧患悲苦之中,中国人之所以没有失去本质,实在是来自这个简单的意念:"人活着,要像个人!"

人的贫穷不是来自生活的困顿,而是来自在贫穷生活中失去人的尊严;人的富有也不是来自财富的累积,而是来自在富裕生活里不失去人的有情。人的富有实则是人心灵中某些高贵物质的展现。

家家都有明月清风,失去了清风明月才是最可悲的!

喝过了热乎乎的"奉茶",我信步走入林间,看到落叶层缝中有许多美丽的褐色叶片,拾起来一看,原来是褐蝶的双翼因死亡而落失在叶中,看到蝴蝶的翼片与落叶交杂,感觉到蝴蝶结束了一季的生命其实与树叶无异,尘归尘,土归土,有一天都要在世界里随风逝去。

人的身体与蝴蝶的双翼又有什么两样呢?如果活着的时候不能自由飞翔,展现这片赤诚的身心,让我们成为宇宙众生迈向幸福的阶梯,反而成为庸俗人类物质化的踏板,则人生就失去其意义,空到人间走一回了!

下山的时候,我想,让我恒久保有对人间有情的胸怀,以及一直保持对生活从容的步履;让我永远做一个为众生奉茶供水、在热闹中得到清凉的人。

(有删改)

1.下列对文本相关内容和艺术特色的分析鉴赏,不正确的一项是(　　)

A.文章开头写台北近郊"奉水"这一情节,不仅让"我"感受到人间的温情,意识到忙碌的社会中仍有从容的人存在,同时引出了下文的回忆和议论。

B.作者在文中既不主张彻底务实,认为这是"死了一半的俗人",也不认同太过务实,这样会让人变得庸俗,社会变得僵化,因此,务实也需要有节制。

C. 文章的开头与结尾部分都提到作者对童年的回忆,表达了作者对童年温情生活的怀念,同时也批判了现在社会的冷酷与无情。

D. 本文以登山为线索,其间穿插了回忆性叙事与精妙的议论,可以说是将叙述、抒情、议论融为一体。

2. 文中多次提到"奉水"和"奉茶",分别具有怎样的含义?

3. 文章直到结尾部分才提到"明月清风",那么以"家家有明月清风"作为标题是否合适?请结合文章分析。

名师点拨

在阅读时可以首先通过"线索梳理法"厘清文章结构,抓住典型事件,如文中多次提到"奉水"和"奉茶","我"在登山过程中,看到"奉水",体悟到人间温情后,引发了童年的回忆和人生的议论,由具体可感的"奉茶"升华到精神层面的感悟。

在具体的阅读过程中,品味文章"淡而有味,浅而有致"的语言特色。文章从登山写起,如话家常,叙述通俗易懂,说理明白晓畅,语言朴素自然,但充满诗情画意,如引用清代诗人张灿的短诗来表达一般人在时空中从"书画琴棋诗酒花"到"柴米油盐酱醋茶"的流转变化,用梁启超的《水调歌头》来表达自己的心境,同时又带有些许禅意,用禅师与座主的对话来论证人间有情从容的重要性。由"形"到"神",抓住"奉茶"的象征意义,感知"家家有明月清风"的深意:保持"从容"和"有情"。

(三)剑指高考

阅读《我们与父亲》,回答后面的问题。

1. 下列对文本相关内容和艺术特色的分析鉴赏,不正确的一项是(　　)

A. 文章第五段描写父亲和弟弟"背影十分相像",主要是为了凸显二人相像的坚韧性格,父亲上楼时弯腰去提一只最重的箱子,而弟弟在面对侄儿生病时的坚持与执着。

B. 文章运用插叙的叙述方式,将主要情节以回忆的方式娓娓道出,使情节波澜起伏,吸引读者的阅读兴趣。

C. 父亲和弟弟经历了由对立冲突到矛盾化解,最后相互理解信任的情感转变过程。

D. 文章善用比喻,一开始将父亲与弟弟之间的沉默比作荒原,形象生动地写出了父子之间的对立冲突,又用"消融"与"随风化为流水",将二者情感的慢慢变化书写得淋漓尽致,表现彼此之间的深情,深化小说主题。

2.结合文本分析父亲与弟弟之间情感变化的原因,并结合自身经历,谈谈你的感悟。

3.文章主要写父亲和弟弟之间的情感,并穿插"侄儿"这一人物,但标题却是"我们与父亲",请结合文章分析作者的用意。

第三章

哲理感悟类散文学法点拨

本章主要是哲理感悟类的散文。此类散文从小题入手,积累生活感悟,论述人生道理,点到为止,不太直白,有咀嚼回味空间,水到渠成地引发对人生和生活的慨叹。此类散文对仗工整,余音绕梁,内容丰富,语言优美。学习品读此类散文,可以丰富理性思考,体验人生感悟,提高审美品位,传承文化精髓。

第一节

《都江堰》及此类文章的学法点拨

一 文本解要

(一)文本指要

《都江堰》是人教版普通高中课程标准实验教科书(2006版)《中国现代诗歌散文欣赏》第三单元的精读课文。作者是现当代著名作家余秋雨。文章所在单元主要是文化类散文,在描写都江堰的自然风光时,把眼光放在对历史人物李冰的理解上,从一个新的角度去反思古代政治上存在的问题,阐释自己的见解,敏锐洞察,强力思辨,重新认识特定历史条件下的政治和文化价值观念。

(二)素养导航

1.语言构建与运用

学习余秋雨先生的散文,首先要整体知晓其语言的特点。余秋雨先生对语言有一种超强的领悟力和驾驭能力,他的散文语言典雅、灵动,追求一种情理交融的雅致,语言在抒情中融着历史理性,在历史叙述中也透露着生命哲理。他常常选用大段的排比,多使用比喻、对偶等,把对中国历史与中国文化的追溯、思索和反问讲得深入浅出,让文章在沉重的内核下透出灵动。

写景、状物、抒情类文章语言佳构甚多,《都江堰》作为一篇游记,语言极具个性色彩。连用的四字词语,形象生动的比喻,恰到好处的对比,制造落差的反义词,无处不透出作者下笔的智慧和超凡的语言把握能力。学习本文,要学习余秋雨灵性又充满智慧的语言,体味语言中充盈着的精神美感。

2.思维发展与提升

余秋雨写散文,善于从有限的景物和事件中挖掘出深广的历史积淀、文化内涵。其散文的行为思维常常以山水风景为"出发点",以文化思考为"归结点",即通过对景物和事件的速写式描绘,表达对社会、历史、文化、人生、宇宙的独特思考,表现了作者强大的主体性、主观性,以及对客观景物、事件的"观照"和"审读"的思维能力。

《都江堰》从个性思考开始,以主体感悟结束,处处显示出作者对隐含在水利工程都江堰和历史人物李冰背后的社会、历史、文化内涵进行深刻挖掘的明显动机,即使对都江堰壮丽图景进行生动描绘的第二部分,也充分表现出作者对"有我之境"的偏爱。

3.审美鉴赏与创造

文章表现了作者对人文景观的独特思考和审美。作为同样举世闻名的伟大工程,都江堰和长城各有其独到的美感和风采,各有其特殊的意义和价值,似乎很难进行价值优劣判断。而作者却发前人之未发,以独特的视野对两者进行了令人信服的睿智比较。"中国历史上最激动人心的工程不是长城,而是都江堰。"这个新锐的观点和独特审美真是出人意料。作者认为,长城占据了辽阔的空间,都江堰占据了邈远的时间;长城的社会功用已经废弃,都江堰为老百姓输送清流的功能绵延至今;长城追求夸饰和炫耀,都江堰毫无所求只知奉献;长城讲排场,都江堰求低调;等等。长城是中华民族的骄傲,而作者却慧眼独具地认为,都江堰才是中国最激动人心的工程,"我以为"三个字透露出本文强烈的主观意识和个性风格,通过多侧面、多层次的对比,毫不掩饰地表达了自己对都江堰的褒扬之情和对长城的贬抑之意。

我们要学习此文推物及人的审美鉴赏方法。文章对都江堰的关注,自然推进到对工程建造者李冰形象的描写。作者对李冰以使命为学校、以实际为基点、质朴务实、无私奉献、大智、大巧等形象进行描写,高度评价其"既具体又质朴"的政治实践是中国别具一格的"冰清玉洁的政治纲领",揭示"他失败了,终究又胜利了"的复杂命运,表现了作者对立足实际的真学问、真人格的赞美以及对李冰"伟大精魂"的褒扬和崇敬之情。作者对都江堰的褒扬和对李冰精神的赞美在实质上是一脉相承的,都表现了作者对淳朴务实、含蓄内敛的美学境界和精神追求的肯定。

4.文化传承与理解

本文没有停留在"游山玩水"的自然层面,而是把对山水的感悟延伸到对民族文化精神的挖掘与现实社会问题的思考上。如作者由一位市长与众不同的名片而联想到历史人物李冰,用"没淤泥而蔼然含笑,断颈项而长锸在握"的精彩对联向现代官员们提出了"活着或死了应该站在哪里"的严肃命题,这都表现了作者强烈的现实关怀和使命意识。

文章还提出了不少精彩新颖的观点。山海关、八达岭是中外旅游者登临长城的首选,作者对此却不以为然,认为"长城到了八达岭一带已经没有什么味道",倒是在甘肃、内蒙古等地的"颓壁残垣"感觉更深厚、味道更浓郁。作者还通过对长城和都江堰的对比,提出了"有什么样的起点就会有什么样的延续"等颇具哲理性的观点,给人以深刻的启迪。

二 预习路径

预习时,先把握线索,再体会课文的结构特点,画出抒写作者情感的语句,分析情感的变化,体会文章的主旨。

三 学法指津

(一)提纲挈领法

抓住课文"形散神聚"的特征,提纲挈领进行阅读和分析理解。全文共三部分,第一部分将都江堰与长城进行对比,以长城为参照系,表现作者对都江堰的独特感悟;第二部分绘声绘色地表现都江堰的壮丽图景;第三部分由堰及人,表现为民造福的李冰父子的精神风采。

三个部分有机融合,表现了作者对都江堰的深情赞美以及由此引发的对民族文化的独特思考,读来给人耳目一新之感;三个部分层层推进,脉络清楚。第一部分以"它,就是都江堰"收尾,自然过渡到第二段对都江堰自然风貌的描绘;第二部分"实"写,以对客观景物的生动描绘为重点。第三部分"虚"写,以作者独特的主体感悟为中心;"实"与"虚"互为补充,相得益彰。

(二)语言品味法

1.词语使用角度。

余秋雨散文语言优美,极富个性特色。如游观、判然不同、心绪懒懒的、脚步散散的、股股叠叠等词语,独具匠心,给读者以新鲜的感受;"冰清玉洁的政治纲领""他的这点学问,永远水汽淋漓""硬扎扎的水坝一座"等体现了作者对语言进行陌生化处理的艺术匠心;"长城还只是它的后辈""被岁月的淤泥掩埋""以使命为学校"等语言,表述形象幽默,富含哲理,给人启发。

作者对四字词语的运用有偏爱,如"渐觉滋润""愈显清朗""地震前兆""海啸将临""山崩即至""急于趋附""陡然一惊""急流浩荡"等四字词语,在文章中联翩使用,读来很有气势。

2.写作手法角度。

(1)对比手法的运用。文章除了将长城与都江堰进行多方面的对比之外,还多处使用了对比手法。如将"茫茫一片"的大海之水与"可捧可掬"的都江堰之水对比,将都江堰的水系图谱与20世纪的裁军数据、登月线路对比,将李冰"永远水汽淋漓"的真学问与后世"早已风干松脆得无法翻阅"的"厚厚典籍"对比,将秦始皇筑长城的"雄壮、蛮吓、残忍"的指令与李冰筑都江堰的"智慧、仁慈、透明"的指令对比。这些对比手法,成功地、充分地表现了作者对都江堰、李冰的赞美之情,增强了文章的感染力。

(2)比喻修辞的使用。文章多处使用了比喻的修辞手法。以"乡间母亲"比喻都江堰,以"翻越各种障碍的马拉松健儿"比喻"吃够了苦头也出足了风头"的都江堰水流,以"如地震前兆""如海啸将临""如山崩即至"等一连串喻体比喻都江堰的"骚动"和"声音",以"金杖玉玺""铁戟钢锤"比喻权势等,这些比喻手法,使得文章生动形象。

四 拓展致用

课后阅读余秋雨先生不同时期的散文作品,如《文化苦旅》《山居笔记》《霜冷长河》等,多角度感受其散文的文学魅力。

(一)牛刀小试

阅读下面的文章,完成后面的练习。

阳关古道苍凉美

寅公

一到敦煌,我就想到了阳关。阳关在哪里?它还是那么荒凉、那么令人感伤吗?于是,一缕思绪把我带到了古阳关遗址。

古阳关位于敦煌西75公里的古董滩上,三面沙丘,沙梁环抱。它与玉门关遥相呼应，像两颗明珠镶嵌在一段汉长城的两端，因在玉门关以南，故名阳关。阳关这样的边塞之地之所以闻名遐迩，并不起始于王维的那首《渭城曲》，而是因为它自汉魏以来就是通往西域诸国最西边防上的重要关隘，是古丝绸之路南道的必经关口。后来，"阳关道"成为光明大道的代名词。

在去阳关古城的路上，只见沿途平沙千里、荒无人烟，戈壁滩与蓝天相互对峙，偶尔有芨芨草、骆驼刺等沙生植物零星地点缀在远处，把广袤的戈壁滩映衬得更为荒凉。车轮飞转，发出沙沙的声响，远方地平线，隐隐约约出现了一线锯齿形的屏障。那屏障原是一条林带。我们的汽车驶进林带，就好像突然闯进了绿色的海洋。这水渠交错、万木争春的景象，仿佛就是可爱的江南水乡。

汽车穿过禾田，钻出林带，向荒丘起伏的墩墩山上的一座烽火台驶去。我们登上烽火台，但见南边有一块铁牌，上面写着四个工整的字"阳关古城"。然而，向四面看，却只见红沙渺渺，不见古城的一砖一瓦。阳关古地，以雪山为屏，原也有过美丽的环境，一千多年前，它曾是湖水碧清、林草丰美的地方，只是由于种种天灾人祸，才成了连天的荒漠。如今，古阳关已被流沙掩埋，当年筑城用过的石头也已经风化为红尘，只有在沙丘之间暴露出的板结地面。山下南面从东到西自然排列成二十余座大沙梁。沙梁之间，为砾石平地。汉唐陶片，铁砖瓦块，俯拾皆是。如果看到颜色乌黑、质地细腻、坚硬如石的阳关砖，千万莫要小瞧它，昔日有名的"阳关砚"就是用这种砖磨制的。用阳关砚磨的墨冬不结冰，夏不缩水，用来写毛笔字十分方便。听着旅伴的介绍，我不由得感慨起来，好像这凄冷的阳关古城也有几分暖意了。

阳关，昔日丝绸之路上的一个关隘，原本不过是一道关，却被赋予了许多哲思和诗情。哲学家站在这儿宣称，即使人生从同一起点出发，也有不同的道路。"你走你的阳关道，我过我的独木桥"，抽象的对立概念如此生动地写在阳关之下。诗人站在这儿，与朋友依依不舍，"劝君更尽一杯酒，西出阳关无故人"，道尽多少离愁别绪和万般无奈。然而，最初在阳关道上留下足印的并不是哲学家与诗人，而是戍守边关的将军和士兵。这阳关古道对他们来说，无异于是一道生死关，归乡的路成了夜晚奢侈的梦，像阳关上的那弯月，清冷而高远。他们在这条原本传播文明的古道，冲冲杀杀……于是，这些走过生死之劫的将军和士兵，便成了哲学家与诗人，他们留下的点滴感慨，震撼着无数人的心灵。

自古以来，阳关在人们心中，总是烽火连天，黄沙穿甲，满是凄凉悲怆。然而，今天阳关附近，则已出现柳绿花红、林茂粮丰的景象。游人漫步这里，既可凭吊古阳关遗址，还可以远眺绿洲、沙漠、雪峰的自然风光。"何必'劝君更尽一杯酒'，这样的苦酒何须进，且把它还给古诗人！什么'西出阳关无故人'？这样的诗句不必吟，且请把它埋进荒沙百尺深！"这是郭小川的诗句吧！

（有删改）

学法指引

此文是一篇厚重的文化散文，优美而富有韵味，文化气息浓厚，展现了一种昂扬向上的精神，适合高中学生阅读。

文章从阳关是否还苍凉令人感伤起笔，写了阳关地名的由来，去阳关路上的满眼绿色，又写了阳关古城遗址中的感想，古诗文中的阳关形象，最后得出结论：阳关不是过去感伤的形象，在现在已经林茂粮丰，富有美感。作者从现实、历史、情感三个方面以及演变的角度展开思考，体现了作者对苍凉美的理解和逐步深入思考的过程。全文把阳关苍凉的自然美和作者深刻的感悟紧密结合，显示出历史的沉重感和作者乐观激扬的世事观。

1.根据文章内容，下列说法正确的一项是（　　）

A.这篇文章运用了今昔对比的手法，意在突出阳关今日之美景。

B.一千多年前，阳关曾是"湖水碧清、林草丰美的地方"，因此作者的感慨中有了几分暖意。

C.文章运用引用手法，写出了阳关给予哲学家和诗人的点滴感慨，赋予了他们许多的哲思和诗情。

D.作者通过对阳关的描写，表达了对阳关过去、现在以及未来的关注与思考，全文基调感伤而沉重。

2.结合文中对阳关古道的描述，谈谈你对"苍凉美"的理解。

3.文章末尾引用郭小川的诗句，表现了作者怎样的情感？这样写有什么作用？

(二)独闯天涯

阅读下面的文字,完成后面的练习。

碧云寺的秋色

钟敬文

北京西山碧云寺是一个大寺院,又是一个大林子。在那些大小不等的院子里,都有树木或花草。那些树木,种类繁多,其中不少还是活上了几百岁参天老干。寺的附近,那些高土和山岭上,树木也相当繁密。

我是中秋节那天搬到寺里来的,在那些繁茂的树丛中,还很少看到黄色的或红色的叶子。

半个月过去了。寺里有些树木渐渐开始在变换着颜色。石塔前的柿子树,院子里那些攀着石桥和假山的爬山虎,好像先得秋意似的,叶子慢慢地黄的黄、赤的赤了。可是,绿色的统治基本上还没有动摇。近日,情景突变。黄的、红的、赤的颜色触目都是。<u>它来得是那么神速,将我那模糊的季节感惊醒了。</u>

不论这里那里的爬山虎,都急速地换上新装。它们大都由绿变黄、变红、变丹、变赤……我们要找出整片的绿叶已经不很容易的了。罗汉堂前院子里靠北墙有株缠绕着大槐树的爬山虎,平日,我们没有注意到它跟槐树叶子的差别。几天来,可大不同了。槐树有一些叶子渐渐变黄,可全树还是绿沉沉的。而爬山虎的无数叶子,却由绿变黄、变赤,在树干上、树枝上鲜明地显出自己的艳丽。特别是在阳光的照射下,那些深红的、浅红的、金黄的、柑黄的叶子都闪着亮光,把大槐树反衬得美丽可爱了。

释迦牟尼佛殿前的两株梧桐、弥勒佛殿前的那些高耸的白果树、泉水院石桥边的那株黑枣树……它们全都披上黄袍了。中山纪念堂一株婆罗树的大部分叶子镶了黄边,堂阶下那株沿着老柏上升到高处的凌霄花树的叶子也大都变成咖啡色的了。

自然,那些高耸的老柏和松树还是比较保守的,尽管有很少的叶子已经变成了刀锈色,可是,它们身上那件墨绿袍子是不肯轻易褪下的。槐树的叶子,也改变得不踊跃。但是,不管怎样,现在,碧云寺的景色却成为多彩的了。多彩的秋林有它自己特别的情调和风格。夏日花园的美不代替它,也不概括它。

古代的诗人，多喜欢把秋天看作悲伤的季节。过去许多"悲秋"的诗篇或诗句，多半是提到"草木黄落"的景象的。其实，引起人们的伤感，并不一定是秋天固有的特性。从许多方面看，它倒是一个叫人感到愉快的时辰。所谓"春秋佳日"，绝不是没有根据的一句赞语。

在夏天，草木的叶子绿油油的，这固然象征着生长、繁荣。但是，它到底不免单调些。到了秋天，尤其是到深秋，许多树木的叶子变色了，柿红的、朱红的、金黄的、古铜色的、赭色的，还有那半黄半绿或半黄半赤的……五颜十色，把山野打扮得像个盛装的姑娘。加以这时节天色是澄明的，气候是清爽的。你想想，这丰富的秋色将唤起人们怎样一种欢快的感情啊。

我们晓得古代诗人所以对秋风感喟，见黄叶伤情，是有一定的社会生活的原因的。诗人或因为同情人民的苦难，或因为伤悼个人遭逢的不幸……那种悲哀的心情，往往容易由某些自然现象的感触而发泄出来。即便如此，也并不是所有的诗人面对那些变了色的叶子都唉声叹气。"停车坐爱枫林晚，霜叶红于二月花"，明白地颂扬红叶的生机与美丽；"扁舟一棹归何处？家在江南黄叶村"，诗人对于江南秋色分明艳美不已。此外，如像"红树青山好放船""半江红树卖鲈鱼"……这些美丽的诗句也都远离"满山红叶，尽是离人眼中血"那种饱含着哀伤的情调。大家知道，"现在"跟"过去"是对立的；但是，在历史的长河中，它们又有着一脉相连的源流。因此，即使是生活在旧时代里的诗人，对于某些事物也可以具有一定的正常感情。我们没有权力判定，过去一切诗人对于红叶和黄叶的美，都必然是色盲的。

(有删改)

1.下列对文章内容的理解，正确的一项是（　　）

A.本文对秋叶的描写采取了有详有略的技巧，着重描绘了得秋意之先的爬山虎，而对其他树种的叶子则点到即止。

B.作者对急速换上新装的爬山虎倾注了热烈的赞美之情，意在对老柏和松树的"保守"表达自己的不满和批评。

C.作者在行文过程中用对比的手法具体描述了夏日花园之美，借此突出多彩的秋林有它自己特别的情调与风格。

D.在结尾一段，作者援引了一系列描写秋色的诗句，是为了证明古代诗人见秋叶而伤情是完全不足取的。

2.体会第三段画线句子"它来得是那么神速,将我那模糊的季节感惊醒了",回答下面的问题。

(1)这句话在文章结构上的作用是什么?

(2)作者使用了"惊醒"一词,好在哪里?

3.本文大量运用描写色彩的词语与文章主旨有何关系?有怎样的艺术效果?

名师点拨

分析语言特色、把握文章结构、概括中心意思的方法主要是以下几种:读全文,概括主要内容;抓标题,概括主要内容;辨文体,概括主要内容;找线索,概括主要内容;理层次,概括主要内容。步骤为:第一步整体感知,明确文章主旨和作者的写作意图,在整体把握中要抓住文章的主旨,这是评价基础;第二步筛选关键信息,关键性的语言最能显示文章的思想内涵或作者的观点,可以帮助我们对文章的内容进行评价;第三步具体、客观地评价,紧密结合作品实际,避免漫无边际地分析,不要含糊笼统,要以正确的思想为理论基础,以辩证法为基本的分析法,并结合文学作品创作特有的艺术规律,对作品进行分析和评价,不因个人好恶随意评说。

(三)剑指高考

阅读《碧云寺的秋色》,回答下面的问题。

1.下列对文章内容理解正确的一项是(　　)

A.作者将槐树和爬山虎进行对比,含蓄地抒发了他对秋天明丽色彩的喜爱,这样的抒情率直、强烈、纯真和透明。

B.对秋色细腻而精致的描摹,彰显了作者作为诗人的特质,他对色彩的关注和描写,表现出作者是一个热爱生命的人。

C.在文中,作者表达了对秋天的独特感悟,面对草木枯黄、落叶飘零,联想生前与身后,难免悲愁。

D.作者通过对"碧云寺的秋色"的描写,旨在对"悲秋文化"进行积淀,让读者从中体会"悲秋文化"之美。

2.文章结尾一段有句话:"'现在'跟'过去'是对立的;但是,在历史的长河中,它们又有着一脉相连的源流。"结合上下文,谈谈你对这句话的理解。

3.赏析文中"但是,不管怎样,现在,碧云寺的景色却成为多彩的了。多彩的秋林有它自己特别的情调和风格。夏日花园的美不代替它,也不概括它"的含义。

第二节

《云霓》及此类文章的学法点拨

一 文本解要

（一）文本指要

《云霓》是人民教育出版社出版的普通高中课程标准实验教科书(2006年)《语文 中国现代诗歌散文欣赏(选修)》散文部分第四单元"如梦似幻的梦境"的第二课。作者是我国著名漫画家、散文家丰子恺。文章所在单元主要学习现代散文的虚与实。自古以来，传统的赋诗和作画都十分讲究点染、藏露的关系。如何在文艺作品中进行"实"与"虚"的调配处理，是需要费一番心思的。读丰子恺的《云霓》，要品味作者漫画式的精妙语言，通过所描写的实实在在的"云霓"，读出云霓寄托的无限希冀，读出作者的普世情怀，读出画集《云霓》(其实是所有艺术)的功用。

（二）素养导航

1.语言建构与运用

丰子恺早期多从事漫画创作，其漫画简洁明快，朴素自然，随意洒脱。这直接影响并渗透于他的散文随笔创作之中，从而形成了他独特的漫画艺术风格的散文语言风格。这种风格在《云霓》一文中有着很好的体现。

作者善用短句来描写场景。"两个月不下雨。太阳每天晒十五小时。寒暑表中的水银每天爬到百度之上。河底处处向天。池塘成为洼地。野草变作黄色而矗立在灰白色的干土中。大热的苦闷和大旱的恐慌充塞了人间。"形象地描写，干脆利落，呈现在读者眼前的犹如一幅漫画，构成了"大旱图"。这样的短句，在文中比比皆是，望云图对动词的使用突显画面感。如寒暑表中的水银的"爬"，洋蜡烛的"弯"，"它们在炎阳之下渐渐地下去，少起来，淡起来，散开去，终于隐伏在地平线下"中的"少""淡""散""隐伏"。这些动词都蕴含着漫画语言的情致。夸张幽默的语言增强了艺术表现力。用"坐凳子好像坐在铜火炉上。按桌子好像按着了烟囱。洋蜡烛从台上弯下来,弯成磁铁的形状,薄荷锭在桌子上放了一会,旋开来统统溶化而蒸发了"来写热。"看天的人得着了希望,欣欣然有喜色而相与欢呼:'落雨了!落雨了!'年老者摇着双手阻止他们:'喊不得,喊不得,要吓退的啊。'"看天的人在绝望中寻得希望的雀跃,年老者却虔诚急切地摇着双手呼喊。年老者的年龄与他们的动作、语言所体现的童稚对比强烈,造成喜剧效果。看天人的欢呼状、年老者的双手摇手呼喊状,寥寥几笔,形象勾勒,完全是一幅速写漫画。这些语言,让读者有轻松愉悦的阅读体验。学习《云霓》,就应当学习丰子恺文画相通的语言。

2. 思维发展与提升

"形散而神聚"是散文的文体特征,而对"神"的虚实运用拓展了思维空间。标题是"云霓",这也是这篇散文的"神"。虽写云霓,但全文前半部分却未出现云霓。开篇首先全景描绘大旱时期苦热难熬的生活现象,再列举了各种现象来突出酷热,描写人们生活的艰难,运用语言动作神态描写等十分生动地表现了人们盼雨时的急切紧张。文章用较多文字详细描写了人们在"大热的苦闷和大旱的恐慌"中备受煎熬的痛苦和辛酸。一直到第四段,才首次出现"云霓"。这些描写似乎与主题毫无关系,文章的谋篇布局是否存在问题?其实不然。花大量笔墨描写大旱带来的苦闷、恐慌,其实是为了给云霓的出现作铺垫。天空中的云霓,其实是一种希望,是下雨的希望,是结束大旱的希望,即使被"吓退了",仍然给了人们以慰藉。

在大热的极度苦闷和大旱的极度恐慌中,这一丝丝希望,即便是转瞬即逝的希望,也能慰藉心灵。结合时代背景,当时的"现代的民间"充塞着"大热似的苦闷和大旱似的恐慌",作者希望自己的画集能在"大旱时代"给人们带来"云霓"。这"云霓",是希望,也是慰藉。因此,其实文章始终紧紧围绕"云霓"这一主题,有实有虚,结构井然,引人联想,发人深思。

3. 审美鉴赏与创造

丰子恺作为"现代中国最像艺术家的艺术家",从他的散文中,我们不难读出他自然即美的观点。他笔下的自然可以是景物,也可以是人。他所主张的美,可以是富人,也可以是穷人,只要是有心人。

丰子恺创作的美是生活中的佛理,并把佛理生活化。他善于发现生活中细碎事物本身的意蕴,他的笔下,常常会出现馄饨摊、理发店、豆浆铺、茶水房;他的笔触始终围绕着平凡人,围绕着普通人的喜悦、悲伤、离别、欢聚,围绕着当时层出不穷的社会问题。他一生信奉美,追求美,无论是逃亡,还是经历批斗,他都能以旷达的态度对待人生,能从日常生活的细碎小事中获得趣味、感悟和愉快。文中所描写的大旱之下人们的生活及云霓忽明忽暗时的场景,无处不透露着生活的趣味。在苦闷生活下还保存希望的丰子恺,有着自己独特的审美感受。学习本文,要学习作者对生活细微之处准确生动的描写,学习如何在自然中发现美。

4.文化传承与理解

正如朱光潜所说:"形成他(丰子恺)人品和画品的主要还是中国的民族文化传统。"丰子恺深受中国传统文化影响,在他的作品中,常常能看到佛学思想和人生观、艺术观的和谐。本文是画集《云霓》的序言。作者在文中提道:"把这幅《云霓》冠卷首,就名其书为《云霓》。这也不仅是模仿《关雎》《葛覃》,取首句作篇名而已,因为我觉得现代的民间,始终充塞着大热似的苦闷和大旱似的恐慌,而且也有几朵'云霓'始终挂在我们的眼前,时时用美好的形状来安慰我们,勉励我们,维持我们生活前途的一线希望,与去年夏天的状况无异。"

丰子恺在当时变幻无常的政治中始终保持一种本真。他深爱着这片土地和人民,所以在他的画里,"一片片的落英,都含蓄着人间的情味"。他时刻关注着民生,关注着民间的生存。他不被现实击溃,也不被历史出卖,他以达观的态度和仁爱的精神观照世界,表现出其所独有的精神风貌。在文中,面对大旱,人们恐惧却不绝望,看见天空的那几朵云霓,"踏水的人增加了勇气,愈加拼命地踏,看天的人得着了希望,欣欣然有喜色而相与欢呼。"即使云霓转瞬即逝,也并没有下雨,人们也"不再上那些虚空的云霓的当了",却仍然"只管低着头和热与旱奋斗",希望和失望之间,始终保持着自如的生活状态,做着自己该做的事,充分体现了生活是最高的人生哲理。他笔下的民间总是充满了非凡的生命力,总是积极与昂扬,这与传统思想赋予他的通透不无关系。

二 预习路径

在预习本文时,我们可以带着问题阅读:为什么要把"云霓"作为题目?云霓代表什么?通过思考把握文章线索及整体结构。勾画文中的动作描写及场景描写,品味语言。课外搜集一些背景材料,结合文本以及有关材料理解作者,以便于"知人论世"。

三 学法指津

(一)背景助读法

丰子恺(1898—1975年)原名丰润,又名丰仁,浙江崇德人。我国现代画家、散文家、美术教育家、音乐教育家、翻译家,一位多方面卓有成就的文艺大师。

丰子恺自幼爱好美术,1914年入省立第一师范学校,从李叔同学习绘画和音乐。1921年东渡日本学习绘画、音乐和外语。1922年回国到浙江上虞春晖中学教授图画和音乐。回国后从事美术、音乐教学,同时进行绘画、文学创作和文学、艺术方面的编译工作。他早年接触过佛教,关心民间疾苦,故早期散文以描写儿童生活与探讨社会人生问题为主,多赞美儿童的纯洁心地,以反衬成人世界的恶俗;作品多从日常生活琐事取材,从小处着手点染生活的情趣与哲理。散文情感真诚蕴藉,笔法自然洒脱,于平凡琐细处寓深意,在淡泊飘逸中见真情,并兼有诗情画意与幽默情趣,在现代散文中别具一格。

本文是丰子恺为自己的画集《云霓》所撰写的序言。文中明确写道:"从大旱以来所作画中选出民间生活描写的六十幅来,结集为一册书。"因此,画集《云霓》表现的更多是大旱时期日常状态下的民间生态。作为一个受佛家思想影响、心系普通人疾苦、乐观旷达的人,在深重的自然灾难面前,丰子恺看出的是人为了生存不屈的抗争,因此在作品中,不管是对景物还是人物,都进行主观性描述,融入自己的感情,给原本苦难的生活场景披上了一件幽默的外衣。对灾难的积极态度,正是作者人生智慧的体现。其实当时可谓天灾人祸不断,大旱仅仅是其中的一角。这是中国严峻的社会环境,大旱造成的自然旱荒是社会的旱荒,是时代的旱荒。在这样的社会背景下出版的画集《云霓》,不仅仅是想带给大旱中的人下雨的希望,更重要的是带给生活在"现代的民间"的人们生活的希望。

(二)线索助读法

"云霓"既是画集的题名,也是卷首画的名字。为什么要把这篇散文,这篇代序也叫"云霓"?

"云霓"是文章的文眼所在,是文字的线索。"五色灿烂"的云霓本是大自然的普通景观。然而,由于"去年夏天"的这件事,普通的"云霓"被寄予了更重要的意义。"大热的苦闷和大旱的恐慌充塞了人间",人们都苦盼下雨,而雨始终不至,但人们并不绝望,因为"十余日来东南角上天天挂着几朵云霓"。一方面,五色灿烂的云霓飘游在天空,给人们带去希望,增加信心,却最终没带来雨水,始终是一场空欢喜;另一方面,它却成为在苦痛中挣扎的、几近绝望的善良百姓唯一的慰藉,承载着人们对生活的无限希望,人们需要这几朵云霓,就好像黑暗中需要微光。

由气候的大热大旱带给人巨大的苦闷和恐慌,联想到"现代的民间,始终充塞着大热似的苦闷和大旱似的恐慌,而且也有几朵'云霓'始终挂在我们的眼前,时时用美好的形状来安慰我们,勉励我们,维持我们生活前途的一线希望"。云霓是具有象征意义的。它是大旱年间天上的云霓,也是生活中像丰子恺的漫画、散文一样的,能够慰藉、勉励人们,给人们带来希望的一切事物。作者为自己的画集取名为"云霓",亦怀着这本画集能给人们带来些许的希望和慰藉的美好愿望。虽然,云霓最终"空空地给人安慰和勉励",人们终究还是"得过且过地度日子,不再上那些虚空的云霓的当"。诚然,一篇文章、一幅画远远不能满足"大旱时代"的渴望,作者也深深明白。但是,在苦闷中永存希望、保持达观,终是美好的愿望。

在学习中紧扣"云霓",就能读懂作者的言外之意,弦外之音,读懂作品由实到虚的隽永韵味。

四 拓展致用

课后可以展开群文阅读。推荐丰子恺先生的漫画集《云霓》,散文《渐》《自然》《从孩子得到的启示》《姓》等,了解其文画相通的特点,进一步品味其艺术创作特色,了解丰子恺独特的人文情怀。

(一)牛刀小试

阅读下面的文章,完成后面的练习。

渐

丰子恺

使人生圆滑进行的微妙的要素,莫如"渐";造物主骗人的手段,也莫如"渐"。在不知不觉之中,天真烂漫的孩子"渐渐"变成野心勃勃的青年;慷慨豪侠的青年"渐渐"变成冷酷的成人;血气旺盛的成人"渐渐"变成顽固的老头子。因为其变更是渐进的,一年一年地、一月一月地、一日一日地、一时一时地、一分一分地、一秒一秒地渐进,犹如从斜度极缓的长远的山坡上走下来,使人不察其递降的痕迹，不见其各阶段的境界，而似乎觉得常在同样的地位，恒久不变，又无时不有生的意趣与价值，于是人生就被确实肯定，而圆滑进行了。假使人生的进行不像山坡而像风琴的键板，由do忽然移到re，即如昨夜的孩子今朝忽然变成青年；或者像旋律的"接离进行"地由do忽然跳到mi，即如朝为青年而夕暮忽成老人，人一定要惊讶、感慨、悲伤，或痛感人生的无常，而不乐为人了。故可知人生是"渐"维持的。

人之能堪受境遇的变衰，也全靠这"渐"的助力。巨富的纨绔子弟因屡次破产而"渐渐"荡尽其家产，变为贫者；贫者只得做佣工，佣工往往变为奴隶，奴隶容易变为无赖，无赖与乞丐相去甚近，乞丐不妨做偷儿……这样的例子，在小说中，在实际上，均多得很。因为其变衰是延长为十年二十年而一步一步地"渐渐"地达到的，在本人不感到什么强烈的刺激。故虽到了饥寒病苦刑笞交迫的地步，仍是熙熙然贪恋着目前的生的欢喜。假如一位千金之子忽然变了乞丐或偷儿，这人一定愤不欲生了。

这真是大自然的神秘的原则，造物主的微妙的功夫！阴阳潜移，春秋代序，以及物类的衰荣生杀，无不暗合于这法则。由萌芽的春"渐渐"变成绿荫的夏，由凋零的秋"渐渐"变成枯寂的冬。我们虽已经历数十寒暑，但在围炉拥衾的冬夜仍是难于想象饮冰挥扇的夏日的心情；反之亦然。然而由冬一天一天地、一时一时地、一分一分地、一秒一秒地移向夏，由夏一天一天地、一时一时地、一分一分地、一秒一秒地移向冬，其间实在没有显著的痕迹可寻。昼夜也是如此：傍晚坐在窗下看书，书页上"渐渐"地黑起来，倘不断地看下去（目力能因了光的渐弱而渐渐加强），几乎永远可以认识书页上的字迹，即不觉昼之已变为夜。黎明凭窗，不瞬目地注视东天，也不辨自夜向昼的推移的痕迹。

"渐"的作用，就是用每步相差极微极缓的方法来隐蔽时间的过去与事物的变迁的痕迹，使人误认其为恒久不变。这真是造物主骗人的一大诡计！这有一个比喻的故事：某农夫每天早晨抱了犊跳过一沟，到田里去工作，夕暮又抱了它跳过沟回家。每日如此，未尝间断。过了一年，犊已渐大，渐重，差不多变成大牛，但农夫全不觉得，仍是抱了它跳沟。有一天他因事停止工作，次日再就不能抱了这牛而跳沟了。造物的骗人，使人流连于其每日每时的生的欢喜而不觉其变迁与辛苦，就是用这个方法的。人们每日在抱了日重一日的牛而跳沟，不准停止。自己误以为是不变的，其实每日在增加其苦劳！

我觉得时辰钟是人生的最好的象征了。时辰钟的针,平常一看总觉得是"不动"的;其实人造物中最常动的无过于时辰钟的针了。日常生活中的人生也如此,刻刻觉得我是我,似乎这"我"永远不变,实则与时辰钟的针一样地无常!一息尚存,总觉得我仍是我,我没有变,还是流连着我的生,可怜受尽"渐"的欺骗!

"渐"的本质是"时间"。时间我觉得比空间更为不可思议,犹之时间艺术的音乐比空间艺术的绘画更为神秘。因为空间姑且不追究它如何广大或无限,我们总可以把握其一端,认定其一点。时间则全然无从把握,不可挽留,只有过去与未来在渺茫之中不绝地相追逐而已。性质上既已渺茫不可思议,分量上在人生也似乎太多。因为一般人对时间的悟性,似乎只够支配搭船乘车的短时间;对于百年的长期间的寿命,他们不能胜任,往往迷于局部而不能顾及全体。试看乘火车的旅客中,常有明达的人,有的宁牺牲暂时的安乐而让其座位于老弱者,以求心的太平(或博暂时的美誉);有的见众人争先下车,而退在后面,或高呼:"勿要轧,总有得下去的!""大家都要下去的!"然而在乘"社会"或"世界"的大火车的"人生"的长期的旅客中,就少有这样的明达之人。所以我觉得百年的寿命,定得太长。像现在的世界上的人,倘定他们搭船乘车的期间的寿命,也许在人类社会上可减少许多凶险残惨的争斗,而与火车中一样的谦让,和平,也未可知。

然人类中也有几个能胜任百年的或千古的寿命的人。那是"大人格""大人生"。他们能不为"渐"所迷,不为造物所欺,而收缩无限的时间并空间于方寸的心中。故佛家能纳须弥于芥子。中国古诗人(白居易)说:"蜗牛角上争何事?石火光中寄此身。"英国诗人(Blake)也说:"一粒沙里见世界,一朵花里见天国;手掌里盛住无限,一刹那便是永劫。"

(有删改)

> 学法指引

丰子恺好以哲理禅学入文,《渐》即是其中一篇。本文充分体现了作者善于从日常生活的琐事中感悟生命真谛的特点。本文以时间为主体,由浅入深,展示了生命在时间流转过程中的变迁和演进,提醒人们关注时间,把握好时间,不浪费生命,做一个有"大人格""大人生"的人。

"渐"是一种时间流逝、事物累积的抽象形态,难以捉摸,难以体现。学习本文时,可以使用提纲挈领法,抓住"渐"这一线索,厘清作者的写作思路。作者开篇选取许多生活中的具体例子,从人生的各个阶段到人生的际遇,从自然世界的季节更迭到昼夜交替,描写了"渐"的外在表现。然后由具体而入抽象,总结"渐"的作用,揭开"渐"的本质,认识时空变化的真意义,领悟生存的哲理。

学习本文时,还应品味丰子恺精妙语言的运用,学习他化深奥为浅显、化抽象为具体的写作手法。为了表达"渐"之潜移默化,作者以傍晚读书为例。"傍晚坐在窗下看书,书页上'渐渐'地黑起来,倘不断地看下去(目力能因了光的渐弱而渐渐加强),几乎永远可以认识书页上的字迹,即不觉昼之已变为夜。黎明凭窗,不瞬目地注视东天,也不辨自夜向昼的推移的痕迹。"以"书页上'渐渐'地黑起来"暗指光线渐渐暗淡,以"也不辨自夜向昼的推移的痕迹"言读书之痴迷。

不仅如此,文中还多用比喻。比喻之妙,妙在寻常;妙在本体喻体的完全结合。如为了说明"渐"是造物主骗人的手段,作者以人人都有的下坡体验作比。下坡时轻松愉快,不经意间便到达终点。这种感受与变更的渐进是何其相似!又如说明"渐"的迷惑性,作者巧妙借用"钟"作比喻,"时辰钟是人生的最好的象征",因为"时辰钟的针,平常一看总觉得是'不动'的;其实人造物中最常动的无过于时辰钟的针了。日常生活中的人生也如此,刻刻觉得我是我,似乎这'我'永远不变,实则与时辰钟的针一样地无常!"

丰子恺的随笔大多下笔从容,娓娓道来,如行云流水,似家常闲谈,独具一种亲切感和自然美,闪现着灵性的妙悟和蔼然的谐趣。本文正是这种风格的充分体现,掩卷沉思,始觉齿夹芬芳、神清气爽,处处闪耀思想之深邃却不乏用笔之飘逸,顿显"渐"之了无痕迹,顿显"大人格""大人生"之智慧灵光。

1.下列对文本相关内容和艺术特色的分析鉴赏,不正确的一项是(　　)

A."圆滑"概括了人的一生的境遇变衰,在岁月的冲刷下,人生就像是鹅卵石一样渐渐失去了棱角。

B.时间之所以让人感到渺茫和不可思议,是因为时间全然无从把握,不可挽留。

C.作者指出人之所以能适应人生境遇的种种变化,就是因为这些变化是在相当长的时间里达到的。

D.这篇散文语言朴素、通俗,善用比喻,让人回味无穷。

2.请梳理全文,用简洁的语言概括本文是如何围绕"渐"写作的。

3.作者是怎样把抽象的道理讲明白的?

(二)独闯天涯

阅读下面的文章,完成后面的练习。

一杯蜜是炼过几只蜂的

林清玄

住处附近,有一家卖野蜂蜜的小店,夏日里我常到那里饮蜜茶,常觉在炎炎夏日喝一杯冰镇蜜茶,甘凉沁脾,是人生一乐。

今年我路过小店,冬蜜已经上市,喝了一杯蜜茶,付钱的时候才知道涨了一倍有余,我说:"怎么这样贵,比去年涨了一倍。"照顾店面眉目清秀的国中小女生马上应答道:"不贵,不贵,一杯蜜是炼过几只蜂的。"

这句话令我大惑不解,惊问其故。小女生说:"蜜蜂酿一滴蜜,要飞很远的地方,要采过很多花,有时候摘蜜,要飞遍一整座山头哩!还有,飞得那么远,说不定会迷路,说不定给小孩子捉了,说不定飞得疲倦,累死了。"听了这一番话,我欣然付钱,离开小店。

走回家的路上,我一直想着那位可爱的小女孩说的话,一任想象力奔飞,也许真是这样的,一杯在我们手中看起来不怎么样的蜜茶,是许多蜜蜂历经千辛万苦才采集得来,我们一口饮尽。一杯蜜茶,正如饮下了几只蜜蜂的精魂。蜜蜂是一种奇怪的动物,它飞来飞去,历遍整座山头、整个草原,搜集了花的精华,一丝一丝酝酿,很可能一只蜜蜂的一生只能酿成一杯我们喝一口的蜜茶吧!

几年前,我居住在高雄县大岗山的佛寺里读书,山下就有许多养蜂人家,经常的寻访,使我对蜜蜂这种微小精致的动物有一点认识。养蜂的人经常上山采集蜂巢,他们在蜂巢中找到体形较大的蜂王,把它装在竹筒中,一霎时,一巢嗡嗡嘤嘤的蜜蜂都变得温驯听话了,跟在手执蜂王的养蜂人后面飞,一直飞到蜂箱里安居。

蜜蜂的这种行为是让人吃惊的,对于蜂王,它们是如此专情,在一旁护卫,假若蜂王死了,它们就一哄而散,连养蜂人都不得不佩服,但是养蜂人却利用了蜜蜂专情的弱点,驱使它们一生奔走去采花蜜——专情的人恐怕也有这样的弱点,任人驱使而不自知。

但是蜜蜂也不是绝对温驯的,外敌来犯,它们会群起而攻,毫不留情,问题是,每一只蜜蜂的腹里只有一根螫刺,那是它们生命的根本,一旦动用那根螫刺攻击了敌人,它们的生命很快也就完结了。用不用螫刺在蜜蜂是没有选择的,它明知会死,也要攻击。——有时,人也要面临这样的局面,选择生命而畏缩的人往往失败,宁螫而死的往往成功,因为人是有许多螫刺的。

养蜂的人告诉我,蜜蜂有时也有侵略性的,当所有的花蜜都采光的时候,急需蜂蜜来哺育的蜜蜂就会倾巢而出,到别的蜂巢去抢蜜,这时就会发生一场激烈的战斗,直到尸横遍野才分出胜负——人何尝不是如此,仓廪实才知荣辱,衣食足才知礼仪。

为了应付无蜜的状况,养蜂人只好欺骗蜜蜂,用糖水养蜜蜂,让它们吃了糖水来酿蜜,用来供应爱吃蜜的人们——再精明的蜜蜂都会上当,就像再聪明的人也会上当一样。

蜜蜂是有社会性的群居动物,在某些德行上和人是很接近的,但是不管如何,蜜蜂是可爱的,它们为了寻找花中甘液,万苦不辞,里面确实有一些艺术的境界。在汲汲营营的世界里,究竟有多少人能为了追求甘美的人生理想而永不放弃呢?

旧时读过一则传说,其中有些精神与蜜蜂相似,那是记载在《辍耕录》里的传说:"有年七八十老人,自愿舍身济众,绝不饮食,惟澡身啖蜜。经月,便溺皆蜜,既死,国人殓以石棺,乃满用蜜浸之,镌年月于棺,盖之;俟百年后启封,则成蜜剂,遇人折伤肢体,服少许,立愈,虽彼中也不多得,俗曰蜜人。"这个蜜人的传说不一定可信,但是一个人的牺牲在百年之后还能济助众人,可贵的不在他的尸体化成一帖蜜剂,而是他的精神借着蜜流传了下来。

蜜蜂虽不澡身,但是它每天咳蜜,让人们在夏季还能享受甘凉香醇的蜜茶,在咳蜜的过程,有许多蜜蜂要死去,未死的蜜蜂也要经过许多生命的熬炼,熬呀熬的才炼出一杯蜜茶,光是这样想,就够浪漫,够令人心动了。

在实际人生中也是如此,生命的过程原是平淡无奇,情感的追寻则是波涛万险,如何在平淡无奇波涛万险中酿出一滴滴的花蜜,这花蜜还能让人分享,还能流传,才算不枉此生。虽然炼蜜的过程一定是痛苦的,一定要飞过高山平野,一定要在好大的花中采好少的蜜,或许会疲累,或许会死亡。

可是痛苦算什么呢?每一杯蜂蜜都是炼过几只蜂的。

(有删改)

1.下列对文章相关内容和艺术特色的分析鉴赏,不正确的一项是(　　)

A.本文语言清新自然,通过简单的生活故事蕴含深刻的道理,寓意丰富,富有哲理,让人读后回味无穷。

B.作者通过一杯蜜,看到了蜜蜂的一生。炼蜜的过程虽然痛苦,但是香甜的花蜜给人们带来甜蜜的享受,从而引发作者对人类社会的思考。

C.文章引入《辍耕录》里的传说,丰富了文章内容,在结构上,照应前文,引出下文的思考。

D.文章运用联想和想象的手法,托物喻人,记叙蜜蜂为了酿一杯蜜,不仅付出了辛劳和痛苦,甚至付出了生命,表达了对蜜蜂和像蜜蜂一样的人的赞美之情。

2.结合全文,鉴赏"可是痛苦算什么呢?每一杯蜂蜜都是炼过几只蜂的"。

3.本文通过写蜜蜂,引发对人类的思考。请结合文章,谈谈给你的启示。

名师点拨

阅读时可以首先通过线索助读法快速通读全篇,厘清全文结构。本文以"一杯蜜是炼过几只蜂的"统领全文,并在文中多次提出,线索清晰。然后通过语言品味法抓住关键句段揣摩挖掘作者的情感内蕴,把蜜蜂和人联系起来,把握全文情感主旨。如"养蜂人却利用了蜜蜂专情的弱点,驱使它们一生奔走去采花蜜——专情的人恐怕也有这样的弱点,任人驱使而不自知"来写蜜蜂执着专情于蜂王,专情的人也如同这蜜蜂,常常任人驱使而不自知;"用不用螯刺在蜜蜂是没有选择的,它明知会死,也要攻击。——有时,人也要面临这样的局面,选择生命而畏缩的人往往失败,宁螯而死的往往成功,因为人是有许多螯刺的",每只蜜蜂只有一根刺,攻击的时候却义无反顾,毫不退缩,人面临这种选择时,有的人向死而生,有的人畏畏缩缩,舍不得那根螯刺;"养蜂的人告诉我,蜜蜂有时也有侵略性的,当所有的花蜜都采光的时候,急需蜂蜜来哺育的蜜蜂就会倾巢而出,到别的蜂巢去抢蜜,这时就会发生一场激烈的战斗,直到尸横遍野才分出胜负——人何尝不是如此,仓廪实才知荣辱,衣食足才知礼仪",蜜蜂为了蜜而攻击别的蜂巢,人类为了利益攻击别人;"再精明的蜜蜂都会上当,就像再聪明的人也会上当一样"可知,面对利益,精明的蜜蜂都会上当,再聪明的人也会上当;"蜜蜂是有社会性的群居动物,在某些德性上和人是很接近的,但是不管如何,蜜蜂是可爱的,它们为了寻找花中甘液,万苦不辞,里面确实有一些艺术的境界。在汲汲营营的世界里,究竟有多少人能为了追求甘美的人生理想而永不放弃呢",蜜蜂历经千辛万苦采蜜酿蜜,人为了追求自己的人生理想不懈努力;"但是一个人的牺牲在百年之后还能济助众人,可贵的不在他的尸体化成一帖蜜剂,而是他的精神借着蜜流传了下来""蜜蜂虽不澡身,但是它每天咳蜜,让人们在夏季还能享受甘凉香醇的蜜茶,在咳蜜的过程,有许多蜜蜂要死去,未死的蜜蜂也要经过许多生命的熬炼,熬呀熬的才炼出一杯蜜茶,光是这样想,就够浪漫,够令人心动了",蜜蜂酿造蜜,给人留下甜蜜,人经历痛苦,牺牲自己帮助众人,不枉此生。结合"其中有些精神与蜜蜂相似""在实际人生中也是如此……一定要飞过高山平野,一定要在好大的花中采好少的蜜,或许疲累,或许会死亡"在结构上,承上启下,照应前文人的"有些精神与蜜蜂相似",引出下文对人生的思考。本文还引用传说增加文章的文学氛围和文化内涵,不但增强了文章的说服力,而且使文章更具诗情画意,感召力强,巧妙调动读者兴致,并感染读者。

(三)剑指高考

阅读前面的选文《渐》,回答后面的问题。

1.下列对文本相关内容和艺术特色的分析鉴赏,不正确的一项是(　　)

A."圆滑"是比喻说法,意在突出人生由于岁月的"渐"的冲刷而变得就像鹅卵石一样,被慢变的时间刷掉了棱角,冲刷了个性。

B.文中写道"我觉得百年的寿命,定得太长",是因为作者认为,现在很多人不懂珍惜时间,百年的寿命也是浪费而已。

C.作者是从"渐"的外在表现、"渐"的作用、"渐"的本质三个大方面来说明"渐"这一现象,激励人们要把握好时间,把握好生命,做一个有"大人格""大人生"的人。

D.这篇散文语言优美、细腻,文采飘逸,富有想象力,字里行间流露出浓浓的文学韵味,让人回味无穷。

2.请结合上下文,赏析文中画线部分。

3.如何理解文章结尾引用的两处诗句的含义和作用?请结合文本简要分析。

第三节

《埃菲尔铁塔沉思》及此类文章的学法点拨

一 文本解要

（一）文本指要

该文为人民教育出版社出版的普通高中课程标准实验教科书（2006年）《中国现代诗歌散文欣赏（选修）》散文部分第四单元的第三课。本文所在单元主要是哲理感悟散文。选文是一篇独特的游记。与常见的游记散文不同，作者没有把兴奋点放在对游览对象进行浓墨重彩的描写上，而是出人意料地重点表达由登临埃菲尔铁塔而触发的心理感受和主体思考，从而使文章具有独特的艺术魅力，展示了作者笔下埃菲尔铁塔独一无二的审美风采。在登临和观赏闻名世界的埃菲尔铁塔的过程中，作者的感觉神经和思维细胞处于高度兴奋和极度活跃的状态，及时捕捉并展示了作者独特的感受和思索，给读者留下了深刻印象。

（二）素养导航

1.语言建构与运用

张抗抗散文的语言丰富、优美、酣畅淋漓，极有个性。首先，本文大量使用排比句。排比句表现作者独特的感受，让文章很有气势。如："你是一记雷声，一道阳光，一束电波，一条飞船，轻轻扬扬却又闪电般地穿过大气层，突破大气层，抛开大气层。"作者用异常敏锐的感觉神经、丰富细腻的心理感受表现了铁塔的磅礴气势和惊人魅力，把读者带进五彩缤纷的想象空间。其次，陌生化语言的运用。文学艺术常用超越常规的语言组合有力地激发读者的阅读兴趣。中国古代文学理论有"移情"之说，把主观的情思融入客观的物景，"以我观物，故物皆着我之色彩"（王国维《人间词话》）。"那么轻易而又无情地甩下了世俗和浮尘，傲慢地兀立云端，俯视全城。""蓝天忽然近了，又忽然远了，远得更加冷酷。""从神经中解放出来的风,无忌地挑逗着铁塔,摇撼它,敲打它。"作者通过"移情"和"拟人"手法,赋予铁塔以人的感情和心理("无情""傲慢"等),既表现了铁塔的高耸入云的气势,也暗示作者对铁塔"超凡脱俗"的内在精神的赞美。最后,幽默形象的语言。如"巴黎城,安然无恙地静卧在绿丛带似的塞纳河两岸",这里"静卧"两个字用得生动传神,也非常真实,当作者登上高耸的铁塔顶端,巴黎地面的喧闹、嘈杂都听不见了,"静"成为巴黎的最大特征。

排比句式的使用既增强了文章的气势,又表现了丰富的心理感受。陌生化词语倾注着作者情感体验的内涵,读来既新鲜陌生,又意味绵长,这些都是本文语言最显著的特色。学习本文,就应当学习这种丰富、个性化的语言特点。

2.思维发展与提升

诗有诗眼,文有文眼。如果说李健吾《雨中登泰山》的文眼是"雨",余秋雨《寂寞天柱山》的文眼是"寂寞",那么,本文的文眼则是"沉思"。由登临铁塔而触发的感悟是本文的核心内容和中心议题。黑格尔曾说,在抒情诗中,"占主要地位的不是对一件事进行丝毫不露主体性的(纯客观的)描述,而是主体的掌握方式和情感,即响彻全诗的欢乐或哀怨,激昂或抑郁。"

一篇好的散文也是如此。在本文中,作者几乎完全沉浸在自己的那份独特的感受和思索之中,埃菲尔铁塔只是充当了触发作者"沉思"的契机与媒介。尽管埃菲尔铁塔的风景年年岁岁皆相似,但正是因为有了作为独特个体的作家本人的深度参与,一篇不同凡响的精彩散文便由此而生。

3.审美鉴赏与创造

文章表现了埃菲尔铁塔的雄伟壮观,作者独具慧眼地感受并抒写了它的孤独:"它雄奇,却也孤独。它没有对话者。只有风,只有云,只有飞鸟,是它寂寞的伴侣。无数双温热的手抚摸它冰凉的铁杆,它的内心却依然孤独。"作者用拟人化的手法形象地表现出铁塔孤独而寂寞的心理世界。这是作者"沉思"的独特与深刻之处。从文中可知,一百多年前,埃菲尔铁塔"在一片嘘声里"诞生,它曾被视为"标新立异的怪物"而受到"强烈的排斥和憎恶",今天,尽管它已经成为巴黎的象征,但依然有许多人,如登塔前的作者那样,对它存有"无知的偏见和戒心"。从这个角度而言,它确实是孤独的。

文章欲扬先抑,形象细腻地表现了作者心理变化的过程。这种心理和情感的变化过程其实是作者被铁塔魅力所征服同时又对铁塔重新认识、理解和接受的过程,从而含蓄而有力地表现了埃菲尔铁塔的独特魅力和强烈震撼力。

4.文化传承与理解

张抗抗散文的与众不同之处在于她的形而上的思辨追求,丰富、新颖、独特和较为深邃的哲理意蕴,这些都展现了她过人的才情和睿智。"散文最好要有一点哲理",张抗抗认为这种哲理就应该是自己对世间万物的独特感受与理解,这样,作品才会有灵魂的内核。"如果说,'情'是散文的果汁,那么'理',就应该是散文的核。无汁无核均无果实。"这就是张抗抗的"核汁"理论。她在她的创作实践中一再体现、验证着这一观念。在登临和观赏世界闻名的埃菲尔铁塔的过程中,她的感觉神经和思维细胞始终处于高度兴奋和极度活跃的状态,及时捕捉并展示了自己关于那一切不同于旁人的感受和思索,给读者留下了深刻印象,尤其是登临铁塔前后作者的情感和心理的显著变化。

登塔前,作者对铁塔充满了"无知的偏见和戒心",对其并无感情和崇敬心理,如文中"在印象的底版中,它只是比一座电视塔略高些的大铁架;而在视线所及的图像中,它又淹没在巴黎挤挤撞撞的建筑物中间……它也似乎只是一个小摆设,甚至,有那么一点儿被压抑的冷峻。"作者眼中的铁塔并无特别之处。登塔后却发生了巨大变化。"我原以为你是拒人之外、高傲无情的——我却发现你是一个不露声色的老父……"曾经的"大铁架"变成了"一个永远矗立的丰碑"。作者深切而严肃地告诉我们:"你没有接近过它,你便没有权利轻视。"这便是作者登塔的收获,是铁塔给她的启示,更是铁塔对她情感和心理的征服。征服了一个怀有戒心和偏见的人,一个"唯独没有膜拜它"的高傲的灵魂。作者克服偏见的过程,就是"我"被铁塔的魅力所征服的过程。当你因为独树一帜而遭受误解、排斥时,要经得起时间的考验,耐得住生命的寂寞,用宽厚和坚韧去对待周遭的误解与排斥。如周国平所说:"一个优秀的灵魂,即使永远孤独,永远无人理解,也仍然能从自身的充实中得到一种满足。"

二 预习路径

课前阅读以略读为主,粗读与疑读相结合。目的是快速了解文章大意,知晓作者观点、文章结构、行文思路等。结合旁批和阅读提示,标注段落,提出疑问。在自读课文、标注段落之后,继而进行分段,标注疑难句、重点句、中心句等,帮助理解课文中心思想。

本文语言极富个性,具有独特魅力,适于朗读,读出语言的韵味。在反复朗读的基础上,感受作者心理的变化过程以及文章带来的强烈震撼。在初读基础上,梳理提出的问题,把重要的提出来,带着疑问,找到相应的段落再次阅读,在文章中寻求解答。这个过程中,学生以自学为主,可以默读,动笔圈、点、画,查字典、词典,给生字词注音、解释,找出课文关键词语、精彩语段,可以批注、做笔记,厘清课文脉络,辨析文章体裁,再进一步提问,让思维活跃起来,积极思考。

预习时,学生可以先把握线索。本文的线索有游踪线索,还有作者心理变化线索。可以先画出表示作者行踪的语句,体会课文在结构上的特点。然后再画出描写作者心理的语句,分析作者心理变化的过程,体会文章的主旨。为便于了解作者在文中的感情变化,可课外搜集一些背景材料,结合文本以及有关材料理解作者其人,以便于知人论世。

三 学法指津

(一)线索梳理法

本文是游记文体。与常见的游记散文不同,作者没有把兴奋点放在对游览对象进行浓墨重彩的描写上,而是出人意料地重点表现由登临埃菲尔铁塔而触发的心理感受和主体思考,从而使文章具有独特的艺术魅力,展示了作者笔下埃菲尔铁塔独一无二的审美风采。

整体感知

实　情景→游踪线:登塔前—登塔中—登塔后

↓　↑

虚　感受→情感线:无知的偏见和戒心—震撼敬仰

(由实生虚,以虚写实,虚实相生)

凡构思精巧、富有意境或写得含蓄的诗文,往往都有"眼"的安置。鉴赏时,要找出揭示全篇旨趣和有画龙点睛妙用的"文眼",以便领会作者为文的缘由与目的。"沉思"是本文的文眼。由登临铁塔而触发的感悟是本文的核心内容和中心议题。在本文中,作者几乎完全沉浸在自己独特的感受和思索之中,铁塔仿佛只是触发作者"沉思"的契机和媒介。

作者的情感变化就是作者登塔的收获,是铁塔给作者的启示,更是铁塔对作者情感和心理的征服。这既证明了"百闻不如一见"的古训,更暗示出铁塔的无穷魅力和强大震撼力,它征服了一个怀有戒心和偏见的人,一个"唯独没有膜拜它"的高傲的灵魂。作者克服偏见的过程,就是"我"被铁塔的魅力所征服的过程。作者情感变化的历程颇有代表性,埃菲尔铁塔由一个"曾经被保守的巴黎强烈排斥和憎恶"的"大铁架"变成巴黎市象征的过程,由一个"标新立异的怪物"变成"永远矗立的丰碑"的过程,也是相当耐人寻味的。

(二)语言品味法

品味语言主要指体会重要语句的丰富含意和品味精彩的语言表达艺术。体会重要语句的丰富含意就是分析、理解那些在文中起关键作用的语句,它们对形象刻画、事件叙述、结构安排、表达主旨产生的作用。品味精彩的语言表达艺术,就是赏析、品评散文语言的美感,在阅读、领悟中体会优美的语言所表现的艺术张力。从品味的对象上来看,一般挑选以下五类语句:从作用上说,指那些能点明主旨的语句,或能显示脉络层次的关键性语句;从语句特点上说,指那些文中的中心句、总结句、过渡句,对文章内容的推进与衔接有关键作用的句子;从内容上说,指那些内涵较为丰富而且具有提示性或引导性的语句;从表达上说,指那些运用一定表达技巧且效果明显的语句或比较含蓄有深层含意的语句;从结构上说,指那些结构比较复杂,对理解文意有直接影响的语句。

(1)在印象的底版中,它只是一座电视塔略高些的大铁架;而在视线所及的图像中,它又淹没在巴黎挤挤撞撞的建筑物中间,只露给你一个纤瘦的顶部。即使是在它对面的人类博物馆广场的喷泉边上眺望它,它也似乎只是一个小摆设,甚至,有那么一点被压抑的冷峻。

作者运用欲扬先抑的手法,从印象中的大铁架、淹没在建筑物中间、小摆设三个角度表现埃菲尔塔的平凡与普通。

(2)我总没有想到它竟会如此之高——当你来到它的面前,站在它的脚下的时候;当你尚未抬头,仅仅感觉到它笼罩的阴影的时候;当你完全抬起头,却望不到它的全部,而要向后仰着身子,扶住你的帽子或眼镜儿,眯着眼寻找天空的时候,你才会确实地明白它的高度,明白它的气势,明白它的骄傲。

笔锋一转,运用排比的手法体现埃菲尔塔如此之高!三个"明白"分别从三个维度展开,高度是真实可见的,气势是主体感受的,骄傲则是作者的独特体验。这样的语句结构极大地拓宽了读者的审美接受空间。

(3)这是一个广场,一块空地。它从一个平凡的基点拔地而起,不需要铺垫和过渡,那么轻易而又无情地甩下了世俗和浮尘,傲慢地兀立云端,俯视全城……

"傲慢地兀立云端,俯视全城……"作者通过"移情"和"拟人"手法,赋予铁塔以人的感情和心理,如"无情""傲慢"等,既表现了铁塔的高耸入云的气势,也暗示作者对铁塔"超凡脱俗"的内在精神的赞美。

四 拓展致用

同学们课后可以进行群文阅读。推荐张抗抗的哲理类散文作品,《鹦鹉流浪汉》《猴岛记趣》《家教的"悖论"》《墙的消失》《春游的女孩》《地下森林断想》《牡丹的拒绝》《兴凯湖听涛》等,多角度感受其散文的哲理魅力。

(一)牛刀小试

阅读下面的文章,完成后面的练习。

窗子以外

林徽因

话从哪里说起? 等到你要说话,什么话都是那样渺茫地找不到个源头。

此刻,就在我眼帘底下坐着,是四个乡下人的背影:一个头上包着黯黑的白布,两个褪色的蓝布,又一个光头。他们支起膝盖,半蹲半坐的,在溪沿的短墙上休息。每人手里一件简单的东西:一个是白木棒,一个篮子,那两个在树荫底下我看不清楚。无疑地他们已经走了许多路,再过一刻,抽完一筒旱烟以后,是还要走许多路的。兰花烟的香味频频随着微风,袭到我官觉上来,模糊中还有几段山西梆子的声调,虽然他们坐的地方是在我廊子的铁纱窗以外。

永远是窗子以外,不是铁纱窗就是玻璃窗,总而言之,窗子以外!

所有的活动的颜色、声音、生的滋味,全在那里的,你并不是不能看到,只不过是永远地在你窗子以外罢了。多少百里的平原土地,多少区域的起伏的山峦,昨天由窗子外映进你的眼帘,那是多少生命日夜在活动着的所在;每一根青的什么麦黍,都有人流过汗;每一粒黄的什么米粟,都有人吃去;其间还有的是周折,是热闹,是紧张! 可是你则并不一定能看见,因为那所有的周折、热闹、紧张,全都在你窗子以外展演着。

在家里罢,你坐在书房里,窗子以外的景物本就有限。那里两树马缨,几棵丁香;榆叶梅横出风雅的一大枝;海棠因为缺乏阳光,每年只开个两三朵——叶子上满是虫蚁吃的创痕,还卷着一点焦黄的边;廊子幽秀地开着扇子式,六边形的格子窗,透过外院的日光,外院的杂音。什么送煤的来了,偶然你看到一个两个被煤炭染成黔黑的脸;什么米送到了,一个人掮着一大口袋在背上,慢慢踱过屏门；还有自来水、电灯、电话公司来收账的，胸口斜挂着皮口袋，手里推着一辆自行车；更有时厨子来个朋友了，满脸的笑容，"好呀，好呀！"地走进门房；什么赵妈的丈夫来拿钱了，那是每月一号一点都不差的，早来了你就听到两个人唧唧哝哝争吵的声浪。那里不是没有颜色、声音、生的一切活动，只是他们和你总隔个窗子——扇子式的、六边形的、纱的、玻璃的！

你气闷了，把笔一搁说，这叫作什么生活！检点行装说，走了，走了，这沉闷没有生气的生活，实在受不了，我要换个样子过活去。健康的旅行既可以看看山水古刹的名胜，又可以知道点内地纯朴的人情风俗。走了，走了，天气还不算太坏，就是走他一个月六礼拜也是值得的。

没想到不管你走到哪里，你永远免不了坐在窗子以内的。不错，许多时髦的学者常常骄傲地带上"考察"的神气，架上科学的眼镜，偶然走到那里一个陌生的地方瞭望，但那无形中的窗子是仍然存在的。不信，你检查他们的行李，有谁不带着罐头食品、帆布床，以及别的证明你还在你窗子以内的种种零星用品，你再摸一摸他们的皮包，那里短不了有些钞票；一到一个地方，你有的是一个提梁的小小世界。不管你的窗子朝向哪里望，所看到的多半则仍是在你窗子以外，隔层玻璃，或是铁纱！隐隐约约你看到一些颜色，听到一些声音，如果你私下满足了，那也没有什么，只是千万别高兴起来说什么接触了，认识了若干事物人情，天知道那是罪过！

（有删改）

学法指引

我们发现作者由自家的"铁纱窗"写起，由"实"入"虚"，赋予"窗子"以更丰富的内涵。作者描写了窗外的几个人，感慨正是这"窗子以外"的世界，你似乎"能看见"却又"并不一定能看见"，窗外的人们所演绎着的"血泪人生"哪里是"窗内"的人所能轻易感知的？（与外界的隔膜，冷静审视）

作者还为我们简笔勾勒了很多底层人物，那些社会底层人们的"生的滋味"也是很难"看见"的！我们似乎应该明白林徽因为何会发出"永远是窗子以外"的慨叹了！作者关注社会底层的"芸芸众生"。作为旧社会的高级知识分子，是"窗子以内"的人的代表，她化"我"为"你"正是一种如鲁迅一样的自我解剖,是文人的"良心"的自觉。而在"窗子以外"则生存着无数为生计奔波的人,他们所经历的苦痛、生活的磨难距离"窗子以内的我"是遥远的。作者简淡的笔调之下是对"窗子以内"生活的反抗,以及关切苍生的悲悯情怀。

文中有形的窗子是客观事物隔开了自我与外在世界,而无形的窗子自然应是主观因素的囚圄。读完文章,我们不免生出感慨:众生皆平等,人怎么可以"高高在上"地生活呢?人是要心存悲悯的,人是要心有敬畏的,时代再发展,物质再充裕,生活在"窗子以内"的我们都应时刻关注那些生存在社会底层的人,并能够勇敢地、诚挚地走近他们,生活不只是一味地追寻"诗和远方",还要领略那种最真实的"生的况味"!

1.下列对文本相关内容和艺术特色的分析鉴赏,不正确的一项是(　　)

A.第二段描写窗外四个乡下人的背影,笔触细致,表露出观看者对他们的陌生与好奇,并引发下文关于窗子内外的感叹。

B.既然所有活动的颜色、声音、生的滋味,永远都只在窗子之外,那么通过健康的旅行,领略了名胜古迹和风土人情,就会获得深刻的认识。

C.本文写"时髦的学者"架上"科学的眼镜",到陌生的地方"瞭望",是以调侃的方式来讥刺他们的"考察"不过是浮光掠影罢了。

D.开头的"话从哪里说起"一句看似多余而突兀,但读完全文之后,就会明白作者正是从那种渺茫之感开始梳理自己的思路的。

2.结合全文,说明文中"窗子"的含意。

3.作者交替使用"你"和"我"两个不同的人称,蕴含着怎样的态度?结合全文简要分析。

(二)独闯天涯

阅读下面的文章,完成后面的练习。

静夜品瓷

程应峰

夜静时分,忽地就想到了景德镇,想到了多年前不经意打碎的一只来自景德镇的薄胎青花瓷瓶,想到了曾经读过的一首诗,想到了诗中所写的"一根白发,掉落在洁白的瓷盘上,牵动心中万千愁绪"的情景。这情景,竟然一直存留在我的记忆之中。

都是因为瓷器。瓷器这东西，每一道工序都是一个故事，每一片温润都是一种情怀，每一缕光泽都闪烁着离奇的色彩，它总是古色古香、不着痕迹地将生活的美和好嵌入一个人的生命。

我有两次抵达景德镇的经历，一次是在梦里，一次是在梦外，这两次都披着夜色，悄悄的，静静的，没有喧闹和喧哗，但我却分明听见质地优雅的瓷器的声音天籁般传来。这声音，沾染着浓重的人文气息，漫溢华宇，贯穿古今，美轮美奂，直入心扉。

就像大都市总是陷落在繁华里一样，无论是白天还是黑夜，景德镇总是陷在瓷器里。这里的花盆是瓷的，灯杆是瓷的，景观是瓷的，图案装饰也是瓷片镶嵌而成的。比比皆是的商铺，摆放着五花八门的瓷器，旅馆、饭店、广场、游乐园，哪里都泛现着瓷器的光泽。那些看起来无处不在的，大大小小、形形色色的瓷器，总是旗帜鲜明地撞入眼帘，令人心怡而感叹。就像有人说的，景德镇的瓷，比汉语里的词还要多得多哩。

灯影笼罩下的瓷都，是值得慢慢品味的。无须外在的叩击，这满街满巷遍布的瓷，就可以层层叠叠地在心中回响起来，回响起千年的美丽和沧桑。如此美妙的去处，如此美妙的音韵，是值得在静夜、在灯影月色里、在行云流水处细细品味的。

走过一家乐器店，我看见了各种瓷乐器：瓷排箫、陶埙、瓷琴、瓷二胡、瓷唢呐、蓝斑腰鼓等，令人目不暇接。我不知道它们究竟能散发出怎样不同凡响的音韵，但在我的想象中，它们一定有着或厚重，或悠远，或美丽多姿，或情意绵绵的音韵，这音韵，有着不可抵御的诱惑力。

回转，静坐宾馆大堂，入目的博物架上，"荷花碗""旋纹樽""荷叶口瓶"……在声光电的策动下呈现出古朴、娴雅、沉静、大气之神韵，那优美的形态、别致的釉色、含蓄的花纹生动而传神，教人观之再三，不舍移步离去。是啊，最美的瓷器如淑女，最精致的瓷器如少女，就算在幽幽暗暗里，明明灭灭中，也能感受其晶莹剔透的质地，滑润如玉的釉面，以及迷离状态下所具有的神秘温润的气息。这聚集着东方女性纯洁、温柔、细腻、内敛品性的瓷器啊，究竟蕴含着多少不为人知的生命美丽？透过眼前的瓷器，所能体验的，除了窑变的神奇，还有空明无尘的人间趣味。

无论读瓷还是听瓷，都需要慢慢慢慢地品。用心品了，就能品出它的源远，品出人类卓越的智慧，品出属于它的春花秋月，品出它所承载的历史蕴含。<u>用心</u>

品瓷,可让人沉入或清新或愉悦或凝重的人生境界里,继而在思想的枝丫上,长出簇新的可以自由飞翔的芽叶来。

(有删改)

1.下列对文章内容和艺术特色的赏析,不恰当的一项是(　　)

A.文章以"夜静时分,忽地就想到了……一只来自景德镇的薄胎青花瓷瓶"与诗句"一根白发,掉落在洁白的瓷盘上"开头,既呼应题目,又增添文化气息。

B.文中多处运用比喻,如"就像大都市总是陷落在繁华里一样""最美的瓷器如淑女""滑润如玉的釉面"等,起到了化抽象为具体的作用。

C.文章开头从夜静时分想起瓷器写起,然后展开梦里梦外听瓷与读瓷的经历,随之触发人生的思考,构思巧妙,感情真挚。

D.文章总体上运用了象征手法,字面上写品瓷,实际上是借品瓷写人生,强调人们要像品读瓷器一样品读人生独特的滋味。

2."就像有人说的,景德镇的瓷,比汉语里的词还要多得多哩。"简要赏析这句话的作用。

3.请简要分析文章第七段,说说作者是从哪些方面"读"瓷的。

名师点拨

文章运用象征,表面写品瓷,实际借品瓷写人生,告诉人们要像品读瓷器一样品读人生的独特滋味。文章开头从夜静时分想起瓷器写起,开篇紧扣题目,从景德镇和写有"瓷"的诗句入手,使文章极富文化和文学气息,同时引出下文的"品瓷"。接着阐明品瓷原因,瓷器如此美好,怎不让人想品?然后展开梦里梦外听瓷与读瓷的经历,继而触发人生思考,读瓷如读人,品出了生命的美丽和空明无尘的人间趣味。文章构思巧妙,感情真挚。结尾紧扣题目,总结全文,点明主旨——品瓷就是品人生。多处运用比喻,如"就像大都市总是陷落在繁华里一样""最美的瓷器如淑女"等,起到了化抽象为具体的作用。

(三)剑指高考

阅读《静夜品瓷》,回答下面的问题。

1.下列对文章内容和艺术特色的赏析,不恰当的一项是(　　)

A.文章第二段说"都是因为瓷器",起承上启下的作用,上文写想到了景德镇,因为镇中有瓷;想到了诗句,因为诗中有"瓷"。从景德镇和写有"瓷"的诗句入手,同时又引出下文的品瓷,阐明想品瓷的原因。

B.文中多处运用比喻,如"最美的瓷器如淑女""最精致的瓷器如少女""滑润如玉的釉面"等,起到了化抽象为具体的作用。

C.作者写自己有两次在夜里抵达景德镇的亲身经历,没有喧闹和喧哗,却分明听见质地优雅的瓷器的声音天籁般传来。由瓷声中品出了浓重的人文气息。

D.文章结尾处"无论读瓷还是听瓷,都需要慢慢慢慢地品"总结全文,用心品瓷,就能品出瓷境;用心品瓷,就能品出人生境界,点明文章的主旨——品瓷就是品人生。

2.请结合全文简要分析画线句子在文中的作用。

3.结合全文分析作者静夜品瓷都"品"出了哪些韵味。

第四节

《美》及此类文章的学法点拨

一 文本解要

(一)文本指要

《美》所在单元的课文都是抒情性或哲理性的,都带有强烈的心灵独白色彩和玄思色彩,它们描述社会生活现象,揭示社会发展规律、人生真理和审美规律,激发人生思考,启迪审美感悟,对当代中学生有着重要的教育意义。由于这些课文的作者善于感悟、富于玄思、长于审美,可能学生觉得解读文本、进入课文情境会有一定的难度,但从另一方面说又是一次锻炼抽象思维和提升感悟力的好机会。最富有审美内涵的是《美》一文,从标题到正文都包含"美"的元素、"美"的形象。与《新世纪》和《捉不住的鼬鼠——时间片论》单一的人格美、文学美有所不同,《美》既表现了富有个性的审美趣味、审美理想,又把审美活动表现得有层次、有梯度、有不同侧面,是一篇审美教育的好文章。

(二)素养导航

1.语言建构与运用

文章表达对美的感受和思考,是以讲故事的形式展开的,所以语言形象化的特点非常明显。形象化的语言,即感性化的语言,如"安逸、闲适,就犹如一条索然无味的直线",即以感性的语言形式表现理性的内容,既给人以理性的启示,又给人以鲜明的审美形象。再有,后半部分关于美的议论堪称经典,是极富于才思的表达。

本文出自年轻的女性作者,不但显示女性的丰富感受力,也显出女性作者的语言风格,细腻,直露,流利,有意造出一些节奏感、起伏感,例如"一声热切的提议,会让你情不自禁地向她那双明澈的眸子投去含笑的一瞥""我猜,那可爱的小脑瓜,又在以它独特的频率转了、转了……""——嗯……她又那么蹙起了眉""——哎? 她又那么神秘地颤动起了长长的睫毛",与男性散文作家的刚劲、豪爽、凝重的语言风格相去甚远。另外,还较多地借助标点符号来传情达意,其中省略号用得最多,既造成情节流动的中止和语言的节奏感,又表示此处有余味,提醒读者诸君留意。不过本文语言还是显出一些稚嫩、不成熟,还没有形成独特的个人风格。有些语言平淡无味,如"她蹙起眉,静静地伫立了好一会儿……直至亲手摄下这幅充满了韵味的图案",显得平淡了,而且"摄下"与"图案"搭配不甚恰当。

2.思维发展与提升

体会现当代散文的情和理是本单元教学的一个重点,本文选入第二单元,其中一个重要原因就是它蕴含某种哲理。不过本文的哲理性是与丰富的感性形象紧密联系在一起的。开篇两句话"她爱美"是写她感性的一面,"她懂得美"是写她理性的一面。文中场景描写是感性的,文中审美意义的阐发是理性的。文章描绘人物、场景的感性形象,其实是为着表现思想的内核、理性的内核。

品读本文能对我们发现和欣赏美有多方面的启发意义。美在大自然里,美在生活中,美在平凡的场景下,美在距离中,美在朦胧中,美在于凝视,美在于联想……要发现和欣赏美,就要有一双明亮的眼睛和富有灵性的头脑,除了有强盛的理性精神外,还要有丰富的感性和感受能力。不仅要善于发现自然美,还要挖掘社会美、人性美,不仅要欣赏直线美,还要欣赏曲线美……在现时代,审美观念、审美理想和审美能力要与时俱进,要不断丰富审美视野,开拓审美天地,要以爱心、审美之心对待他人,对待社会,要把人生当作审美的历程。

3.审美鉴赏与创造

这是一篇别具一格的散文,标题为"美",可又不像哲学家、美学家那样直言美的本质和规律,而是描写几个场景、几种神态、几段对话,生动形象地表现美的生成形态和美的本质,展示美的探索和审美过程,表达作者的审美追求和积极的人生观。文章写了一个现实发生的场景和三个联想场景。一个现实发生的场景又分成开篇和结尾两次描写,中间连贯三个联想场景。三个联想场景的开头的神态描写又是现实场景中的小片段,一个是"她又那么蹙起了眉",一个是"她又那么抿紧了唇",一个是"她又那么神秘地颤动起了长长的睫毛",它们都是"现在",引起将要描述的"过去"。也就是说三个场景之联想生发点,在于它们与现实发生场景之间的某些关联。

文章主要写了一个富有灵气悟性的爱美女生的话语和心理活动。她的出场平淡无奇,为同学"设计发型",似离题甚远,何"美"之有？第一、二联想场景(蹙眉观景、抿唇观景),写她对自然美的感受,也不见有何特异,不过下文开始精彩迭出了。第三联想场景写她在欣赏自然景物时发现了"距离美",根据她自己的理解诠释"距离美"的要义("因为距离,巧妙地遮蔽了我们不该看到的一切,又信手添上些神奇的飘逸……"),由此思维跳跃,把距离美的道理引到社会人生方面来。最后回到现实发生的场景,自然而然地生发出审美讨论,对直线美、曲线美的理解精彩之至,文章于此光彩焕然。其中"安逸、闲适,就犹如一条索然无味的直线。奋斗中的挫折好比一条曲线的'波谷',成功,则好比'波峰'——它们共同构成了美妙的曲线,构成了富有弹性的生活",是独一无二的理解和表述。原来文章开头写"她爱美""她懂得美",看来是最为恰当的表述。虽然没有写这个女生是什么样的人,有着怎样的性格和外貌,但文章展示了她的灵秀、她的颖悟、她的健康纯正的品性。

4.文化传承与理解

根本而言,社会中不是缺少了美,而是缺少发现美的眼睛；不是没有感动人的事物,而是缺少感知美好事物,进而实现良性互动的心灵和心态。我们要学会发现美,并且把美内化为精神力量,进而形成自我美化的过程。

美的感觉存在于心中,很多时候无法用文字表述出来,很多美好的思绪在脑海中一闪即过,无法捕捉。美不是空谈,而是要去体验、去感受、去欣赏。倘若说欣赏自然之美需要睿智和一双善于发现真谛的眼睛,那么欣赏人间真情,则需要有细腻的情感。在高速发展的现代社会,人们大多因生计而疲于奔波,身边的零散琐碎的事情往往被忽略了,渐渐地把日子过得淡然无味,一头雾水,不知道生活到底为了什么？"母亲啊,你是荷叶,我是红莲,心中的雨点来了,除了你,谁是我在无遮拦天空下的荫蔽？"作家冰心的细腻由此可见一斑,这应该是她最真挚情感的表白。细腻的情感燃烧时,身边的细微的美肯定会熠熠生彩、璀璨夺目的。此时的生活还会索然无味吗？

二 预习路径

课前阅读以略读为主：阅读时粗读与疑读相结合。

粗读：粗略地读,也可以理解为是初步读。少则2~3分钟,多则3~5分钟。目的是快速了解文章大意,知晓作者观点、文章结构、行文思路等。结合旁批和阅读提示,标注段落,提出疑问。在自读课文中,标注段落之后,继而进行分段,标注疑难句、重点句、中心句等,帮助理解课文中心思想。

本文意蕴优美,特别适合品读。要读出美的韵味、情感和哲思。在反复品读的基础上,整体感受其意蕴,初步体会作者的思想感情。

疑读:在初读基础上,梳理提出的问题,把重要的提出来,带着疑问,找到相应的段落再次阅读,在文章中寻求解答。这个过程中,学生以自学为主,可以默读、动笔圈、点、画,查字典、词典,给生字词注音、解释,找出课文的关键词语、精彩语段,可以批注、做笔记,厘清课文脉络,辨析文章体裁,再进一步提问,让思维活跃起来,积极思考。

在预习本文时,学生可以先把握线索。可以先画出表示作者行文思路的语句,体会课文在结构上的特点。然后再画出抒写作者情感的语句,分析作者情感的变化,体会文章的主旨。

三 学法指津

(一)提纲挈领法

抓住散文"形散神聚"的特征,提纲挈领进行阅读和分析理解。

感知美:

厘清行文思路。(找出文中呈现的美)

距离美 曲线美 女性美 自然美 直线美

悲哀美 屈辱美——拒绝

流畅美 甜蜜美——追求

场景		神态
她为我设计发型	现实	蹙起了眉
雾霭 晨曦 草原 森林	↓	↓
落日 黄昏 古树 小草 颠簸的车厢 远方的山峦	联想	抿起了嘴
	↓	↓
她为我设计发型	现实	颤动睫毛

（二）任务驱动法

探讨美：

联系个人实际，谈对"距离美""曲线美"的认识，并举实例。

明确：因为距离，巧妙地遮蔽了我们不该看到的一切，又信手添上些神奇的飘逸……无法逾越的距离——纯悲哀的美、屈辱的美，恰到好处的距离——流畅的美、甜蜜的美。

四 拓展致用

课后推荐阅读李泽厚的《美的历程》。

（一）牛刀小试

阅读下面的文章，完成后面的练习。

山凹之月

张炜

不知多少次，夜晚，当我抬头看到这个山凹，山凹上方正升起一轮晶莹的明月，它的四周，就是那清澈湛蓝的夜空；一丝风也没有，清清的，冷冷的。

我心中常常蓦然一动，闪电一样的感激从心上划过。于是我再也不能平静。

——简直是一丝不差的移植，从远方将整个的一个山凹，不，将整个的一幅夜色和图画，移植到了这座城市的东南方，它靠近我现在的居所。我觉得这是上帝对我的莫大恩惠，它时时告诉我：在艰难时日里曾长久地凝视着这样一座山凹……

是的，20年前的流浪之途上，我在一个山间作坊里找到了一份工作，得以免除饥寒交迫的生活。我做夜班，每天夜晚从居所走出，涉过村中那条小河，一抬头就看到了这样的山凹——它上面是刚升起不久的月亮。

山间作坊就在山凹下边。

多少年过去了，山凹之月在我心中却是永不消逝的图画，它搭救了我，挽救了我不幸的少年……后来，直到几年之后，我才翻过那座山凹，走上了人生的另一里程。

记得这个苦命的作坊烧了两次大火。

第一次大火烧得可怕，屋顶全部燃成了红色。作坊的东西刚刚抢出一半，大势逼人。他们再不敢扑进燃烧的作坊了，那时我突然想到作坊是我的命，就像自己的肉体被点燃了一样,我不顾一切地腾跳起来,独自冲了进去。我在啊啊下落的火炭中跑动,背上、脚上、到处都挨了燃烧的东西。可是我对灼痛浑然不觉,只拼命向外抢。紧接着,更多的人也跟我扑进了火海之中……

第二次大火,我恰巧不在。就像第一场大火一样,那些救火者在半夜里呼号着,勇敢无比。有一个四十多岁的山村妇女,为了抢出一团熊熊燃烧的股线,竟然一路抓牢了这个炽亮的火球,一口气跑到小河边,把它投入水中。结果她整整一条手臂都烧坏了。

这就是那个山凹下作坊的真实故事。

很久了,我到更远的远方去了,再也没有回到那个山村。我越来越没有勇气回到那个山凹,心里装满了对它的亏欠。

面对此地的山凹之月,感念、恐惧、亏欠和怜惜,常常纠缠着,交错在一起……

我明白更好和更重要的,是叮嘱自己,是能够在这山凹之月面前感到惶恐和惊怵,是那闪电般的感觉还能回到心上——我将因此而不会毁损。

我最后离开时简直是逃脱一般。美丽而苦难的山地装满了恐惧。我不敢更久地逗留,我必须逃开。

至此,我又重新恢复了一个流浪者的形象。

无论我走到哪里,山凹上方那轮像水洗过一样的月亮都随我移动,凝视着我,跟住了我。它似乎在提醒我从哪里来,让我一如从前,在灵魂深处没有一丝一毫的改变。

…………

那一天我仿佛听到了呼吸,一颗心都要急得跳出。没有别的选择,只有向着北方,我的故乡奔跑。

我不顾一切地奔跑。头发被风吹乱了,衣服被荆棘划破了,鞋子脱落了,可是都没有停止。翻山越岭向北,一直向北。月亮升起来,很快跟住了我——它大概不愿让我一个人孤寂地赶这么远的山路。

它伴随我飞一样来到了平原,来到了海边荒原。

我回到了亲人身边。

这一次长长的奔跑让我至今回想起来就要感激得流泪。漫游之路上只有月亮陪伴我。我停留它亦停留;我飞奔它亦飞奔;我痛苦,它就流下大滴的泪珠。

今天今夜，我来到了这个城郊，却站在了昨日的山凹之下。

山凹上方还是它，在那儿注视我。

学法指引

人要怀有敬畏之心。正是作者对精神家园——"山凹之月"的敬畏，才使作者在灵魂深处不会有一丝一毫的变质。

要抱有感恩之心。作者视"山凹之月"为上天的恩赐，心存感激，汲取其启示，"山凹之月"挽救和成全了自己的人生。

要永怀希望之光。"山凹之月"就是作者心中的一束希望之光，给作者以勇气和力量，即使在迷惘时，也没有放任自流。

要持有反思之智。因为反思，作者得以不断地调整自己的内心，从而坚持正确的方向。

1.下列对文本相关内容与艺术特色的分析鉴赏，不正确的一项是(　　)

A."山凹之月"既是笼罩全篇的文眼，又是文章的行文线索。文中反复提到"山凹之月"，首尾呼应，贯穿始终，使行文紧凑，不枝不蔓。

B.尽管收留作者的那个小山村给了作者温饱和难忘经历，但作者还是从那儿逃离。后来作者不顾一切回到故乡，因为故乡给他的精神抚慰远多于小山村。

C.作者面对山凹之月时内心充满的感念、恐惧、亏欠和怜惜等各种感情，看似彼此矛盾，实际源于作者的生活体验，表现的是作者的真实情感。

D.文中作者通过回忆自己的亲身经历，写出了山凹之月对自己的恩惠，山凹之月能时刻提醒作者把握自己的精神世界，不忘根本，不改初衷。

2.文中为什么要详写作坊的两次遭火？试分条作答。

3.当今社会，人们应该如何守护自己的精神家园？结合文本，谈谈你的理解。

(二)独闯天涯

阅读下面的文章,完成后面的练习。

虹关何处落徽墨

石红许

在冬天,在春天……为了寻找一锭久违的徽墨,我孑然一人踯躅在虹关墨染了一样的旧弄堂里,闯进一栋又一栋装满了故事的深宅老院。我安慰自己,哪怕是能遇见寸许徽墨,也心满意足。行走在虹关,我一次又一次向墨的深处挺进,去追寻墨的风月身影。

婺源一文友善意地提醒我,虹关徽墨以及制作徽墨的人很难找了,你这样没有目的地寻找,不啻白费心神徒劳无功。我不甘心,相信在虹关的后人中一定还有人掌握了徽墨制作技艺,他们会告诉我很多关于徽墨的记忆。

欣慰的是,季节扯起的丹青屏风里,总有一棵需十余个大人合抱的千年古樟,华盖如伞,累了,就在树下坐一坐,仰望绵延浙岭,聆听"吴楚分源"的回声。穿村而过的浙源水、徽饶古道在炊烟袅袅里把日常琐碎的生活串成一幅恬谧幽静的水墨画,人在画中,画在人中,昔日贩夫走卒、野老道者的身影渐行渐远在徽墨涂抹的山水间,一丝淡淡的忧伤悄然在心里泛浮,随着雨滴从瓦片上、树叶间滚落下来,把人带进梦里故园。

一堵堵布满青苔的墙壁上还隐约留存着经年的墨迹,那是徽墨的遗韵吗?石板路上,不时与村人擦肩而过;老宅门内,不时与老人目光相撞。在虹关,我拾掇了一串烙上徽墨温度的词语:质朴、慈祥、安然,小桥、流水、人家……虹关,允许我拾取半截残墨,记下一串与徽墨有关联的大街小巷地名。

虹关伫立,徽墨式微。近百年来,科技的迅猛发展带来了五花八门的书写工具,使得人们迅速地移情别恋,墨与砚台的耳鬓厮磨,也早被墨汁横插一杠,固态磨便黯然失色,近年来渐渐被人遗忘。到后来,实现了从纸张到数字化的华丽转身,书写也已成为少数人的事情了,墨块更是被束之高阁,制墨传习几乎无人问津。

墨,松烟的精灵,千百年来忠实地在纸上履行职责,一撇一捺站立成墨黑的姿势，氤氲香气里传承着中国文字的博大精深。徽墨，制作滥觞于南唐，兴盛于明清，享有"落纸如漆，万古存真"之美誉。有权威人士言之凿凿指陈，北京故宫博物院还保存着数十块虹关徽墨。徽墨无声，虹关有幸，虹关人因此而自豪。水口、民居，显然还有徽墨等，不负众望，终于为虹关换来了"中国历史文化名村"的金字招牌。

虹关徽墨，不小心逝失在古村落、古驿道边，等待人们去擦亮这张泛着黑色光泽的名片——"徽墨名村"。在一栋民居内，我兴奋地发现，有人在挖掘、研发传统徽墨工艺，遗憾不见墨工，不知那一双手是怎样捣鼓着黑色的诗篇。不大的台面上摆放了刀、小锤、木槽、墨模等工具，还有一些看不懂的物品，想必都是与徽墨有关的器皿、墨料。壁板上挂有制墨工序图《一块墨的前世今生》：点烟、和料、烘蒸、杵捣、揉搓、入模、晾墨、描金。从采取数种原料到试磨鉴定墨质，一锭墨才得以面世，具体制作起来，其工序之繁复岂是图解所能说得清楚的，想想真不容易。一锭墨，千杵万揉，浓缩的精华，浓缩的是民族文化的瑰宝。

不经意间，我瞥见阁楼上稳站着一个白髯飘飘、仙风道骨的先生，便主动打招呼，他问询了我的来意，邀请上楼喝茶座谈。我，一个找寻徽墨的陌生人，沿着屋内与厢房连成一体的木质楼梯，漫步走上阁楼，轻轻地踏在楼板上，咿呀作响，生怕踩醒了乾隆年间经营徽墨的原始账本，生怕踩碎了岁月的痕迹，更生怕踩破了一截遗落的留着明代指纹的徽墨。

先生姓叶，一个隐者、居士、制笔者，放弃大城市的舒适，只身走进虹关，设立工作室，执刀执笔，刻刻写写画画。兴致来了，叶老师挥毫泼墨，正是徽墨磨出的浆液、芳香、光泽，正是新的徽墨传人制作出的徽墨。<u>磨墨时，细润无声，我却听到了墨与砚台的喁喁细语。触摸着徽墨的韵律，我看到了，看到了徽磨沿着纸的纹理在翩翩起舞，"入纸不晕，书写流利，浓黑光洁"。真想只做一个书者。舀一瓢清清的湖水，每日轻柔磨墨，从容铺纸，蘸墨挥洒，过上一段墨落纸上荡云烟的幽静生活。</u>

家里书桌内一角散落着几块早年留下的普通用墨，七公分长，其侧分别有描金楷书"金不换""凝香"字样，背面还有莲荷、白鹤等图纹，虽谈不上金贵，但仍散发着幽幽暗香，还有儿时习书的悠悠往事。回想小时候上学时，练毛笔字要买描红本、砚台，还有长条形的墨块。磨墨时总是弄得满手漆黑，便到校外小水塘边去洗干净,再继续练字。与墨的亲密接触也就是上世纪七十年代中期的那几年,以后偶尔再接触毛笔,已经是蘸着液态的墨汁了。我想,那时研磨的墨一定是虹关的徽墨吧。这样一想便感到一丝慰藉,回头再看黄灿灿油菜花簇拥的虹关,一身原生态的粉墙黛瓦着装,仿佛特别的亲切,烟雨蒙蒙中弥漫着老家的气息,一股乡愁莫名袭来。

在虹关寻墨,我不为藏墨之好,只是警醒自己要时刻保持一颗对文化敬畏的心。在寻找徽墨中,我领略到徽墨走过的千年历程,也感受到浓淡相宜的虹关凸显出的古村文化。这是墨润心灵的过程,这是沉醉馨香的过程,这也是国学照耀的过程。虹关,坐落在和风细雨敲开的绿茵茵帷幔里,是徽墨润开的一首唐诗,深入其中似穿越在一阙宋词里,时光铺陈,岁月静好。

蓦然间,发现村口一小店屋檐下旗幡招展——"有徽墨出售",我加快脚步走去,带一截虹关徽墨,去描绘心中的故乡。

名师点拨

厘清文章行文思路:执着寻找虹关徽墨—寻找徽墨过程中的看、听、思—徽墨的再次受到关注,焕发活力—看叶先生制墨—联想儿时研墨—领略了徽墨,涤荡了心灵。

本文通过到虹关寻找徽墨,寻找过程中的所思所想以及找到后的感想,抒发了作者对制作徽墨这一传统技艺的喜爱,并提醒人们以徽墨为代表的特色传统文化氤氲着中国人诗意的心灵,应该受到重视和敬畏。

1.下列对文章的理解与分析,不恰当的一项是(　　)

A.文章以寻找徽墨始,以带走徽墨终,首尾呼应,脉络清晰;文字优美,富有诗情画意和文化韵味。

B.文章回忆儿时磨墨习书的一段经历,意在强调"我"与墨的渊源,真实亲切,具有生活气息。

C.文章写了一位"隐者",表达"我"对其放弃大城市舒适生活、在虹关与笔墨为伴的敬慕之情。

D."从纸张到数字化的华丽转身"是徽墨式微的原因,"华丽"一词运用反语手法,寄寓了"我"内心的惋惜与不平。

2.请简要梳理文章的行文思路。

3.赏析文中画线的句子。

(三)剑指高考

阅读《虹关何处落徽墨》,回答下面的问题。

1.下列对文章内容的理解与分析,不恰当的一项是(　　)

A.开头运用"孑然一人""踽踽"等词语,形象地描写了"我"寻找徽墨时身心疲惫、孤独失落的状态。

B.文章写了一位"隐者",表达"我"对其放弃大城市舒适生活、在虹关与笔墨为伴的敬慕之情。

C.文章回忆儿时磨墨习书的一段经历,意在强调"我"与墨的渊源,真实亲切,具有生活气息。

D.文章以寻找徽墨始,以带走徽墨终,首尾呼应,脉络清晰;文字优美,富有诗情画意和文化韵味。

2.请结合全文赏析,文中的"我"为何要寻找徽墨。

3.文章在记叙寻墨的同时,为什么还用大量笔墨描绘虹关古村?

参考答案

第一章　写景状物类散文学法点拨

第一节 《荷塘月色》及此类文章学法点拨

(一)牛刀小试

1. C。这里的"谁"应该是指故乡,是故乡在呼唤漂泊的游子。

2. 这句运用叠词不仅把春雨细密飘洒的特点写得淋漓尽致,渲染了环境气氛,更便于表达作者心中那连绵不尽的缕缕情思,而且使文章的语言具有一种和谐的韵律美。

3. 作者听雨是在听人生,三个阶段给人的感觉是不相同的,少年时候,年幼无知,在灯下听着雨声,听着故事,给人一种温馨之感,中年听雨,一个"客舟"表明了那种漂泊异乡的沧桑,老年听雨,在僧庐下想到了亡宋之痛,想到了祖国的分裂状态,心中多了浓浓的伤感。

(二)独闯天涯

1. B。文中在第二次描写落日的情景时,是以时间顺序来描写的。一开始的太阳,"中午一过,太阳刚偏西……罗布淖尔荒原上的大地和天空,混沌一片,也是灰蒙蒙的。""整个一个下午,太阳就这样不死不活地在我们的车屁股的地方照耀着"而到了黄昏,景色突变"最辉煌的罗布泊的落日出现在黄昏。"

2. 第一次描写落日首先采用了特写镜头的方式,抓住落日沉没的一瞬,将落日放置于一个极为开阔的背景之中,浓墨重彩绘形绘色,展示一幅雄伟壮观的景象。然后描写落日沉没的过程,跳跃着颤抖着降落,先是纹丝不动,然后它颤抖了两下往下一跃,有些贪恋,不愿离去,采用拟人的手法细腻传神,生动地描绘了令人震撼的落日景象。

3. "我不敢独享"写出了日落给"我"的震撼。"世间有大美"照应开头并揭示出处,再次总结西部落日的特点,并用艺术大师对人间顶级辉煌的文化奇观的感叹与落日形成辉映,丰富了西部落日美的内涵。

(三)剑指高考

1. C。对落日的虚写,并非描写的是在罗布泊欣赏到的落日景象,而是在阿勒泰草原上的所见。

2. 落日之前的景象,给作者苍白荒凉之感,一切都充满了死寂,加上荒凉寸草不生的罗布泊,作者在这样的环境下,心情是低沉的。而后来的落日突然变得血红,以至每个人的脸上都泛着红光,整个场景的基调是红色的,那是一种干涸生命的复燃,是一种生命活力的体现。面对罗布泊落日的辉煌景象,再听《泰坦尼克号》的音乐,使人感到心灵的震撼,使作者感到,"死亡原来也可以是一件充满庄严和尊严的事情"。

3.①欲扬先抑。作者先描写了不死不活的停驻在西边天空的太阳,对应的是西域荒凉空旷的无人区,给人的是压抑的梦幻般的感觉。然后笔锋突转,由不经意间的回头,引发了辉煌的一幕:在辽阔的大背景下,一轮血红的落日鲜艳、温柔地停驻着,让人们有了身在画中的感觉。②用音乐衬托。如梦幻般死亡的感觉、"我"突然掉下泪来了。在死寂的环境中,面对落日,突觉生命的复燃,音乐的衬托,更让人感到心灵的震撼。

第二节 《故都的秋》及此类文章学法点拨

(一)牛刀小试

1. A。"层层递进"有错,文章中间部分是并列结构。

2.①从句式上看,这段文字,既有长句,如"伫立在湖岸高坡上的妙因寺,不时传出阵阵晚课的钟鼓和诵经的吟唱";也有短句,如"惊鸿照影""夜幕乍落"等,长短结合,有一种参差错落之美。②从手法上看,运用了拟人和视听结合的手法。"伫立在湖岸高坡上的妙因寺"将妙音寺人格化,给画面增添了灵动之美。视听结合方面,视觉上写出了秋水长天的辽阔优美,听觉上写出了妙音寺的钟鼓和吟唱,营造了幽静空灵的意境。

3.①本文主要描写了波澜不惊、清澈见底的秋水,葱郁滴翠、张扬浪漫的秋草,种类繁多、热情喧闹的水鸟,绿色健康、肥美可口的鱼。这些景物是查干湖区别于其他地方的典型意象,带有鲜明的地域特色。同时,这些景象也构成了一幅优美和谐、生机勃勃、物阜民丰的水乡秋景图,具有昂扬向上的精神内涵。②情感:本文通过描绘查干湖的秋天美景,表达了作者对查干湖的热爱,对这种生活、文化的眷恋守护。

(二)独闯天涯

1. A。"风雅人"加引号是一种强调,有一种调侃的意味,并不能证明作者强烈的鄙视和反感。

2.①桃花源是一个传说中的脱离世俗的美丽地方。武陵是《桃花源记》中渔人的家乡,这就让读者通过联想"世外桃源"而明了常德美丽的景色和古朴的民风。②表现了作者对故乡的自豪之情。文章开篇点明自己的故乡就是无数人神往的"世外桃源",表现了作者作为湘西人的自豪之情。③从结构上看开头结尾相互照应。

3.①作者所写的船与船户往往有着某种共通的性格特征。如洪江油船"富丽堂皇,气象不凡",船主"善于交际、礼数清楚""且豪爽大方"。②作者在对船的描写中寄寓着明确的情感取向。对于"乌江子""洪江油船"等,作者表露了一种欣赏、赞许;而对于"辰溪船""桃源划子"等,他的态度则显得有些反感和不满。③从主题上看,作者对船和船户的情感态度,表现出作者对湘西民族性格的思考,升华了主题。

(三)剑指高考

1.B。没有不平之气,只是为家乡有这样的人物而充满了自豪。

2.《楚辞》来源于楚地的民间歌谣,客观地表现了老百姓的生活,开船仪式与行船歌声是湘西百姓生活的集中代表,所以作者由此联想到了《楚辞》。通过对《楚辞》的联想来表现湘西古老的民俗和淳朴的民风,让作者笔下的湘西更有文化气息,表现了作者对家乡的深厚感情。

3.①作者细致地描述各类船只的形制、特点、功用等,努力向世人展现湘西的民俗风情,表现出一种浓浓的乡情。②作者细数了船户与水手的性格、动作、穿着、言谈、交际礼数、开船仪式等,是为了让人们更真实地认识湘西地方的"好处"和"坏处"。叙述上的琐碎,恰恰是极能反映作者对湘西的深情。③文章最后推出了女作家丁玲、法学家戴修瓒、国学家余嘉锡,不下数千家的商铺,以及油盐、花纱、牛皮、烟草、木料、鱼虾、莲藕、牛肉、"桃源"等让湘西人引以为自傲的人和物,表达了对家乡的强烈自豪感和浓郁的乡情。

第三节 《汉家寨》及此类文章的学法点拨

(一)牛刀小试

1.C。"只因其有深厚的文化底蕴和神秘的历史魅力"说法错误。

2.语言平实中见诗意。①文章首尾部分娓娓道来,不蔓不枝,有条不紊,简洁平实。②文章主体部分大量引用和天柱山相关的古诗词名句与传说故事,增添了文章语言的诗意美。

3.示例苏轼。①和一位在天柱山长期隐居的高人饮酒畅叙三日,话题总不离天柱山,深受这位高人的影响。②想结束自己颠沛流离的动荡生活,下决心要拜谒天柱山来领略另一种人生风味。③喜爱天柱山的自然风景和风情。④担任"舒州团练副使"更加强了他想在天柱山安家的愿望。

(二)独闯天涯

1.C。

2.运用了暗喻的手法,将母亲的斑白双鬓比作霜雪降临。母亲也在岁月的流逝中,将迎来寒冬,被寒风吹彻,而且无可挽回。

3.文中的"冬天"有双关义,它既指季节上的冬天,也指生命的"冬天"——生命中无情的寒冷与凄凉。

(三)剑指高考

1.C。

2.衬托手法。以"炉火须臾间变得苍白"衬托路人"透心的寒冷",更加形象地展示了路人这一形象。

3.内涵有同有异。同:"春天"都指美好幸福的生活。异:母亲和姑妈各自的"春天"也有区别,各自期盼的幸福并不一样。姑妈主要是希望周围有亲人陪伴,而母亲则希望儿女能健康成长。

第四节 《囚绿记》此类文章及学法点拨

(一)牛刀小试

1. C。对应原文"我在中国的经典中找不出你的名字,我很少看到中国的诗人咏赞你的诗,也很少看到中国的画家描写你的画"。"很少看到",并不是没有。

2.①"洋槐""幽加里树"都是国外的树种,却遍布中国;而"银杏"这中国特有的树种却很少看得见影子。两者对比,再一次证明人们忘记了银杏,忘记了那坚强正直的民族品格,这深切地反映了人们民族意识的稀薄,标志着当权者媚外思想的浓厚。②"为什么遍街都是洋槐,满园都是幽加里树"是作者的疑问,同时也寄寓了作者对国民党政府丧失民族气节、一意推行媚外降敌政策的愤怒斥责。

3.① 形态描写(细节刻画)。"你的株干是多么的端直,你的枝条是多么的蓬勃,你那折扇形的叶片是多么的青翠,多么的莹洁,多么的精巧呀"这里用排比句描写了银杏枝干、枝条、叶片的特点,突显了银杏的正直蓬勃。②比喻。把飘飞的银杏叶比喻成"满园的蝴蝶",给肃杀的秋天留下一种诗意的情趣,表现银杏叶的灵巧自然(或把青翠的银杏叶比喻成"巍峨的云冠""清凉的华盖"突显银杏无私奉献的特质)。③对比。以梧桐、白杨和银杏相比较,写出了银杏具有"坚牢""庄重"的内质美:质地"坚牢",则不畏风雪的摧折;品格"庄重",则无摇摆取媚之态。(其他答案,言之有理即可)

(二)独闯天涯

1.C。

2.①榕树是南方最常见,和南方居民关系最密切的树。②榕树具有独特的状貌和气质,可以独木成林,令人惊叹。③榕树具有顽强的生命力,在适宜的气候中,只要一点泥土便可成活,不会自然枯死。④榕树是智慧、慈祥、稳重而又饱经沧桑的老人,它对根的重视给人以深刻的人生启迪。

3.感慨:①作者借由对榕树的美髯根的描写,表现了根对于榕树的重要性,因为有根所以榕树才拥有强大的生命力,才能茁壮成长,从而抒发了作者对根的重视。②对根的重视体现了他对于故土的感情,也表达了人生需要重视基础的感悟。

启发:①无论到哪里都不能忘记自己的根。②基础的重要性。(言之有理即可)

(三)剑指高考

1.D。"是为了突出银杏比白杨和梧桐更值得栽种"说法不正确。

2.①银杏的特点:质地坚牢,秉性庄重,洒脱超然,不畏风刀雪剑,不会哗众取宠,不依阿取容,不居功自傲,甘于寂寞,乐于奉献。(答蓬勃、端直、挺立、坚牢、庄重、嶙峋、洒脱也可以,但只答真、善、美不给分。)②银杏象征中华民族的优良传统,象征中华民族所具有的刚强不阿、不畏强暴等优秀品格。

3.①本文多运用短句,短小精悍,语言急促,有利于抒发作者强烈而愤懑的情感。②运用多种修辞手法,如拟人、排比、反复等,增强了文章的语言魅力。③通篇采用第二人称"你",似在面对银杏,向它热切地吐露自己的心意,炽烈的感情溢于言表,题深而旨远,有利于激发读者强烈的共鸣。

第二章　写人记事类散文学法点拨

第一节　《纪念刘和珍君》及此类文章学法点拨

（一）牛刀小试

1. D。不是直接抒情，是间接抒情。

2. 把人物的状貌言行放在特定的环境下进行特写和勾画，更能突显人物性格。作为未名社的骨干，韦素园安于"守寨"，虽然穷困但仍"钉住着文学"，在那样艰难的岁月，又是那样一份很受冷落的刊物，他却愿意默默支持、经营未名社，即使生病也不放弃翻译，突显他踏实苦干的"泥土"精神；处理未名社内部矛盾，压向培良稿子、在杂志上剖白，看出他对现实的丑恶、不完美极度敏感，而且对苟且、妥协、马虎之风，绝不能容忍，突显他性格认真而激烈，为人正直。作用：在未名社发展的起始和整个新文学运动背景中来评价韦素园这一文学青年，更能看出他的悲剧性格中的崇高，平凡生命中的伟大，也使这一人物回忆篇章有了更深广的内涵。

3. 真诚的敬与赞。鲁迅把韦素园比喻为"楼下的一块石材""园中的一撮泥土"，"泥土""石材"看似平凡，但他们却是中国的脊梁，鲁迅赞叹"在中国第一要他多"，希望中国有更多的像韦素园这样做事认真踏实的人。怜惜：惜其早逝，连绍介外国文学给中国的一点志愿，也怕也难于达到。悲叹：悲其不幸，悲其个人的渺小无力；叹其不见容于这个社会。

（二）独闯天涯

1. A。绵密醇厚、雅致端丽分析有误。

2. 本文以第一人称为叙述角度，写的都是"我"眼中事，心中事，可充分展现"我"的内心世界，表达"我"对母亲的爱、牵挂和愧疚，更具真实感。阅读时，好像不仅作者就是"我"，连读者也变成了小说中的"我"，读来有种亲切感和真实感。

3. 本文金手表的作用：①作者抒情的载体。"金手表"为抒发的感情找到了一个很巧妙的切点，它承载了母亲与父亲之间、"我"与母亲之间相互关爱的亲情。②全文的线索，贯穿全文，使文章浑然一体，结构完整严谨。文章父亲送母亲金手表，"我"去上海读书，婉谢母亲赠送的金手表；"我"牵挂母亲，信中嘱托母亲为手表上发条；"我"献上金手表，母亲却已去世。全文以金手表为线索，把"我"和母亲相处的点滴连缀成篇，思路清晰，结构完整。

(三)剑指高考

1. C。"先抑后扬"错误。

2."勃兰特"是易卜生的诗剧中的人物,他企图用个人的力量鼓动人们起来反对世俗旧习。他带领一群信徒上山去寻找理想的境界,在途中,人们不堪登山之苦,对他的理想产生了怀疑,于是把他击倒,最后他在雪崩下丧生。"韦素园"在艰难的岁月执着地追求自己的理想却早逝,两人都不被自己所处时代的人们所理解,都是清醒的孤独者,"我没有话"表明鲁迅对两人相似命运的悲叹、惋惜。

3.①追求进步的文学青年。虽然穷困但仍"钉住着文学",默默支持、经营未名社。②踏实苦干。在简陋的房子中默默工作,即使病也不放弃翻译。③性格认真而激烈。改名"漱园"、压向培良稿子、在杂志上剖白,他对现实的黑暗极度敏感,而且对苟且、妥协、马虎之事,绝不能容忍。④关爱别人胜过关心自己。朋友病了惊慌失措,同意爱人和别人订婚。

第二节 《记梁任公先生的一次演讲》及此类文章的学法点拨

(一)牛刀小试

1.B。A项,作者开头的交代,主要是为下文母亲的回忆作铺垫,而不是为了突出自己工作很忙;C项,"母亲艰辛的一生"概括错误,文章第四段交代了母亲小时候家境殷实;D项,全文主要是会议性叙述,并没有具体描写,所以"正面描写与侧面描写相结合的方式"分析错误。

2.①爱美、讲究。中年后头发还烫得一丝不苟,衣着朴素却不失讲究。②心灵手巧。会编织各种毛衣,做的吉他套也非常漂亮,并且汤圆也做得晶莹剔透,香甜酥糯。③关爱子女。因为"我"怕黑,常哄"我"入睡;"我"生病怕死,不断安慰"我"。出国留学,分别时常偷偷流泪。④爱岗敬业。作为物理老师,常常早出晚归,晚上还批改作业和考卷。⑤勤劳。每到周日休息时,整天都在洗衣服,打扫房间。

3.①交代秋天的特点,并补充说明母亲去世的具体季节,使对母亲的思念之情表达得更加浓郁、深沉。②母亲是南方人,却一直生活在北方并在北方去世,文末写到大雁"有些向北飞"运用移情手法使感情表达得更为强烈。③最后一句,通过想象,写"天堂"里很冷,"我会把她放在心里最温暖的角落",是作者对母亲的无限情丝进一步的升华。④照应标题和开头,使全文首尾呼应,结构更加完整。

（二）独闯天涯

1.B。A项,既突出其优点,也不回避其丑陋错。C项,他的这种文风追求对作者今后的文学创作产生了重要影响错。D项,与《记梁任公先生的一次演讲》语言极其庄重严肃不同错。

2.①长相凶恶,头很尖,秃秃的,亮亮的,有些像《聊斋志异》绘图中的夜叉的模样;②表情凶恶,笑起来是狞笑,样子更凶;③待人接物态度凶恶,老是绷着脸,老是开口就骂人。

3.一方面,现在离开先生将近50年,未曾与先生一通音讯,不知他云游何处,所以作者会感到怅惘;另一方面,徐老师虽然长相不佳且待人凶恶,但他有才华,对学生认真负责,教学上教导有方,作者跟从他学习受益颇多,所以对他充满敬慕。

（三）剑指高考

1.D。这句话运用的是比喻的修辞手法,不是夸张。把作文中多余的话,无关紧要的情节比喻为"虚泡囊肿",与文中"我掏心挖肝的好容易诌出来的句子"相呼应,可见徐老师火眼金睛,将其"削去"的必要;把删改后精华内容比喻为"筋骨",使得文章"虎虎有生气",表现了徐老师才华素养和教学水平之高,对学生认真负责。

2.徐先生是一位性情古怪、脾气暴躁、爱岗敬业且才学高,对学生非常认真负责的国文老师。①通过描写徐先生上课时的情形,写出了徐老师性情古怪、脾气暴躁的特点。②通过描写徐先生用大墨杠子大勾大抹地批改"我"的作文等细节,表现了他对学生认真负责的态度,突出了他爱岗敬业。③通过描写徐先生自己选辑教材,有意思的朗诵,突出了他才学高。

3.欲扬先抑。本段刻画了一位相貌古怪、不修边幅(邋里邋遢)、行为怪异、笑容狰狞的老师形象,通过这些看似丑化的描写来突出国文老师的有趣可爱、个性鲜明;同时也与下文老师认真敬业、才学出众形成对比、反衬,饱含作者的喜爱与敬慕之情。

第三节 《合欢树》及此类文章的学法点拨

（一）牛刀小试

1.C。"我"的侄儿被诊断为孤独症患者,让父亲和弟弟看到了他们各自的一面,是相互的,除了表现弟弟柔弱外表下的坚韧,也表现了父亲坚强外表下的软弱,为二人矛盾彻底化解作铺垫。

2.运用比喻的修辞手法,把父亲与弟弟这两个血脉相连男人之间的柔软的情感比作"静海深流",弟弟经历了现实的不易才明白父亲对他的要求其实也是生活本身对他的要求,而父亲也终于了解子女的人生是无法由他来设计的,形象生动地写出了二者之间如流水般静静流淌的亲情。

3.①严厉,望子成龙。弟弟热爱音乐,在学校组乐队,准备考艺术院校,当文艺兵,父亲认为那是不务正业,严厉制止。②爱子情深。为了弟弟四处求人,还拿出积蓄给他买出租车,喝令弟弟收下工资卡为孙子治病,而且只要弟弟需要,随传随到。③坚强外表下也有软弱。侄儿被诊断为孤独症患者,最不能接受现实的是父亲。

(二)独闯天涯

1.C。文中两次回忆童年的奉茶,主要表达乡间小路上的"奉茶"才是人情义理最好的象征,但未对现实社会进行批判。

2.①"我"去台北近郊登山,所见的真实的"奉茶",让"我"感到人的温情,同时意识到在忙碌转动的世界里还有真正从容的人在。②回忆童年时代乡间路口的"奉茶",让"我"明白在贫苦的生活下,人与人之间依然充满了关怀,引发思考。③人生层面的"奉茶",让自己恒久保有对人间有情的胸怀,保持对生活从容的步伐。

3.我认为合适。本文从登山写起,如话家常,叙述通俗易懂,说理明白晓畅,语言朴素自然,但充满诗情画意,整体语言是质朴又不乏诗意的,题目"明月清风"本身就契合文章的语言特色,指的是"充满诗情画意,而逍遥从容的心灵",而作者从"奉茶"引发思考,论证人间需要"从容"和"有情",这与题目并不矛盾,"家家有明月清风"是指在滚滚尘世,不管生活如何忙碌,时代如何变化,每个人都应保有有情的胸怀和从容的生活步伐。

(三)剑指高考

1.A。不仅仅只是凸显二人的坚韧,还意在表现他们相互体谅的人物形象,父亲渐渐明白,子女的人生无法完全由自己设计,弟弟也理解了父亲对他的严格要求是为了让他能生活得更好。

2.①弟弟经历了浮世炎风后,体会到现实的不易,理解了父亲对他的要求,其实也是生活本身对他的要求,父亲经历过"我"的波折后,渐渐释然,明白子女的人生无法由父母来设计。②侄儿的病让弟弟看到了父亲的软弱,让父亲看到了弟弟的执着与坚韧。③现实生活中,父母和子女的相处需要磨合,共同成长,这个过程本身也是一个不断认识自我、他人和社会的过程,要学会承担责任,相互理解。

3.①运用第一人称,"我"作为故事的讲述者和见证者,给人以真实感。②侄儿被诊断为孤独症患者这一故事情节,为父亲和弟弟矛盾的彻底化解作铺垫,让二人看到了对方不曾见过的一面:父亲严厉本色下的软弱,弟弟柔弱外表下的从容与坚韧自持的力量。③"我"不是主要情节的参与者,但与弟弟和父亲的情感渗透于字里行间,真挚而令人动容。

第三章　哲理感悟类散文学法点拨

第一节 《都江堰》及此类文章的学法点拨

(一)牛刀小试

1.C。

2.①古代的军事重镇和交通要道,如今已是平沙千里,广袤雄浑。②昔日林草丰美的阳关古城,如今已是红沙渺渺,苍凉悲壮。③古人对生离死别的感慨,道尽人间沧桑,凄凉悲惋。

3.①表现了作者的豪情壮志和对今日美丽富饶的阳关的赞美。②回应了文章开头的提问,使文章前后照应,并强化了作者的观点。

(二)独闯天涯

1.A。

2.①直接触发了作者对秋色的集中描写,起到了承上启下的结构作用。②彰显了秋色的突如其来,表达了作者对秋色之美的惊叹。

3.第一问:文章表达了作者对秋色之美的发现和赞叹,并结合古人的创作,传达了作者对审美体验和社会生活关系的理解。描写色彩的词语的大量运用,凸显了文章主旨。

第二问:在艺术效果上,则写出了秋叶的绚烂多彩,展现了秋色的丰富性;给人一种视觉的享受,富于艺术感染力。

(三)剑指高考

1.B。

2.作者通过对古代诗人赞美秋色的诗句的引用,说明了古人与今人的感受也是有相通之处的。因此,"过去"与"现在"并不是割裂的,两者之间是一种辩证统一的关系。

3.①碧云寺的秋充满着各种色彩,每一种色彩都描绘着不同的风景。②"我"把"我"自己的情感融入这多彩的秋色中,"我"喜爱这样的情调,喜欢这样的秋色。③秋色的美在"我"的心里是不可取代的,是唯一的,是独特的。

第二节 《云霓》及此类文章的学法点拨

(一)牛刀小试

1.D。

2.文章首先举例写出"渐"的具体表现;接着阐述"渐"的作用是隐蔽时间,让人误认为其恒久不变;然后阐述"渐"的本质是时间;最后总结全文,指出只有拥有"大人格"和"大人生"的人,才能不为"渐"所迷,不为造物所欺。

3.使用了举例论证、比喻论证。通过列举"巨富子弟"的变化、昼夜季节的变化、儿女的成长、植物的花开、抱犊过沟等非常贴近现实生活的例子来分析人生的发展变化是在不知不觉中微妙进行的。把看不见的人生变化比喻成人们熟悉的走路、音乐符号、时钟等,说理形象而到位。

(二)独闯天涯

1.D。

2.本句的原意是只要能酿出香甜的蜜,蜜蜂经历的痛苦都是值得的。以蜂喻人,人类为了追求理想历尽千辛万苦,甚至付出生命。但是这些代价都是值得的。结尾照应了标题和前文,点明了文章主题,首尾圆合,结构严谨。

3.言之有理即可。例:蜜蜂历经千辛万苦采蜜酿蜜,如同人为了追求人生理想坚持不懈;蜜蜂酿造蜜,给人留下甜蜜,人经历痛苦,牺牲自己帮助众人,不枉此生,永远被铭记;蜜蜂为了蜜而攻击别的蜂巢,展开激烈战斗,同样人类常常为了一己之利攻击别人。

(三)剑指高考

1.B。

2.①画线句子用了比喻的修辞手法。为阐明"渐"是造物主骗人的手段,作者以人人都有的下坡体验作比。下斜坡时轻松愉快,不经意间便到达终点与"渐"的感受与变更有相似的体验。将抽象的感受化为具体体验,突出表现了"渐"过程中的不自知。②用年、月、日、分、秒等来修饰或陈述"渐",用了繁笔手法,不厌其烦地突出时间对变化的影响特点,意在揭示季节或时间是不知不觉地微妙地变化的,突出"渐"的特点和作用。

3.含义:①人活在世上,就像局促在那小小的蜗牛壳里,空间那样狭窄。在生命的长河里,我们就如岸边一树、一草、一花,荣枯无序,花落有声。②两句诗用瞬间和永恒对比,写出和无限的时间相比,人的寿命如同击石之火光般短暂,不应在短暂的光阴里争名夺利;要有看待时间和人生的正确态度,把握住生命的每一瞬间,品味人生,学会欣赏,化瞬间为永恒。

作用:这两处引用画龙点睛,再次点明时间的无声流逝、瞬间和永恒的关系,深化了主题,收到言有尽而意无穷的表达效果。

第三节 《埃菲尔铁塔沉思》及此类文章的学法点拨

(一)牛刀小试

1.B。

2.①指具体的窗子,如铁纱窗、玻璃窗,分隔了不同的生活场景。②指"无形的窗子",即心态与观念的限制,造成了自我与外部世界的隔膜。解析:本题考查对文中关键词语内涵的理解与分析能力。解答时,要回归原文,找出与"窗子"有关的段落和句子,具体分析其内涵。文章题目是"窗子之外",第二段描写窗外看到的景象,引出了"铁纱窗"和"玻璃窗",这是具体可感的窗子,隔着窗子,"你并不是不能看到,只不过是永远地在你窗子以外罢了",看不到全部,总是"隔层玻璃,或是铁纱";而后由此发散开来,引出一个抽象的无形的"窗子",它存在于人与外面的世界之间,使坐在窗子里的人永远只能旁观,是人与外部世界的隔膜。有些人认识到窗子的局限性,这时候就象征着理想照进现实的窗口;但有些人明明有打开窗子、接触真实世界的机会,却把自己封闭起来,此时这个窗子是人内心为自己设置的屏障。

3.①转"我"为"你","你"成为自我观察与描写的对象,蕴含着作者冷静审视的态度。②使用"你"的同时,又使用"我",蕴含着作者的自嘲与反思。解析:本题主要考查对作品表现出来的价值判断和审美取向作出评价,通过人称的变化来考查。"你""我"分别代表不同的人生视角,窗里窗外是两个世界,窗外的人无法理解窗内,窗内的人也无法走进窗外。结合第一人称和第二人称使用的好处,结合文本内容分析。

(二)独闯天涯

1.B。

2.①运用了夸张的修辞手法,说景德镇的瓷器比汉语的词汇还要多,突出了景德镇的瓷器确实多的特点。②巧妙结尾,呼应段首"无论是白天还是黑夜,景德镇总是陷在瓷器里",形象地概括出了作者对景德镇的总体印象:瓷满、瓷多、瓷无处不在。

3.①读瓷形:"静坐宾馆大堂,入目的博物架上,'荷花碗''旋纹樽''荷叶口瓶'……"②读瓷韵:"在声光电的策动下呈现出古朴、娴雅、沉静、大气之神韵。"③读瓷容:"那优美的形态、别致的釉色……滑润如玉的釉面,以及迷离状态下所具有的神秘温润的气息。"④读瓷性:"这聚集着东方女性纯洁、温柔、细腻、内敛品性的瓷器啊,究竟蕴含着多少不为人知的生命美丽?"

(三)剑指高考

1.C。

2.结构上:①点题(照应题目)。②总结全文,卒章显志。内容上:①运用了比喻的手法,将"思想"比作"枝丫""芽叶",形象生动地说明了品瓷能让人更深层地体会人生,让人们的思想自由。②表达了文章的主旨,品瓷就是品人生。

3.①品出了生活的美和好。②品出了瓷器沾染着贯穿古今的浓重的人文气息。③品出了瓷器厚重悠远、美丽多情的不可抵御的诱惑力。④品出了空明无尘的人间趣味。

第四节 《美》及此类文章的学法点拨

(一)牛刀小试

1.B。

2.火灾将人、作坊置于生死存亡境地,令人刻骨铭心、记忆犹新、终生难忘;火灾更能体现曾经收留自己、拯救自己的朴实的山村人难能可贵的精神品质及其给人的感动、震撼;火灾时作者舍生忘死的救火行为,更能突出作坊在作者生命历程中的重要作用,体现作者以死相报的深厚感情。

(二)独闯天涯

1.D。

2.执着寻找虹关徽墨—寻找徽墨过程中的看、听、思—徽墨的再次受到关注,焕发活力—看叶先生制墨—联想儿时研墨—领略了徽墨,涤荡了心灵。

3.主要运用了拟人(或想象)手法,形象地写出了使用徽墨书写时鲜活灵动的状态,表达了作者的欣喜之情和对幽静生活的向往。

(三)剑指高考

1.A。

2.①喜爱徽墨,而徽墨式微,制墨技艺几近失传。②墨,传承着中国文字的博大精深,浓缩的是民族文化的瑰宝。③警示我们要时刻保持一颗对文化敬畏的心。

3.①虹关具有优美的自然风光和丰厚的文化底蕴。②虹关是徽墨的产地,徽墨也成就了虹关。③虹关引发了作者的乡愁。④增添了寻墨历程的情趣,丰富。